国外运动训练科学译丛

Dynamic Stretching

The Revolutionary New Warm-up Method to Improve Power, Performance and Range of Motion

动态拉伸训练

——创新热身方法　提高肌肉力量　强化动作技术　增加动作幅度

[美] 马克·科瓦克斯／著
张长念／译

北京体育大学出版社

策划编辑：李　飞
责任编辑：文冰成　王英峰
审稿编辑：李　飞
责任校对：王子涵
排版设计：李　鹤
封面图片来源：全景视觉

北京市版权局著作权合同登记号：01-2015-5177

图书在版编目（CIP）数据

动态拉伸训练：创新热身方法 提高肌肉力量 强化动作技术 增加动作幅度 / (美) 科瓦克斯著；张长念译. -- 北京 :北京体育大学出版社, 2015.7（2022.12重印）
（国外运动训练科学译丛 / 钟秉枢主编）
ISBN 978-7-5644-2016-1

Ⅰ.①动… Ⅱ.①科… ②张… ③张… Ⅲ.①运动训练 Ⅳ.①G808.1

中国版本图书馆CIP数据核字(2015)第188922号

动态拉伸训练

——创新热身方法 提高肌肉力量 强化动作技术 增加动作幅度

[美] 马克·科瓦克斯　著
张长念　译

出版发行：北京体育大学出版社
地　　址：北京市海淀区农大南路1号院2号楼4层办公B-421
邮　　编：100084
网　　址：http：//cbs.bsu.edu.cn
发 行 部：010-62989320
邮 购 部：北京体育大学出版社读者服务部 010-62989432
印　　刷：三河市龙大印装有限公司
开　　本：710mm × 1000mm　1/16
成品尺寸：170mm × 228mm
印　　张：6
字　　数：111千字
版　　次：2015年9月第1版
印　　次：2022年12月第16次印刷
定　　价：30.00元

《国外运动训练科学译丛》编委会

《译丛》前言

运动训练科学是研究运动训练活动规律，指导运动训练实践的一门应用性学科。运动训练科学的主要研究对象虽然是从事竞技体育活动的运动员、教练员，但是，其理论与方法也可以应用于指导群众体育活动，促进大众健康。

多年来，我国运动训练科学理论与实践经过几代人的不懈努力，取得了丰硕成果，为我国竞技体育事业的发展和运动员竞技运动水平的提高做出了重大贡献。目前，国际上运动训练科学领域日新月异，特别是以美欧为首的西方发达国家产出了一大批运动训练科学的研究成果。为了使我国运动训练科学理论与实践紧跟国际发展前沿，系统开展国外优秀运动训练科学丛书的翻译工作势在必行。为此，我们精选了11部国外优秀运动训练科学书籍——《国外运动训练科学译丛》（以下简称《译丛》）翻译出版，以期丰富和发展我国运动训练科学理论，更好地指导运动训练和群众体育活动。

《译丛》之一的《动态拉伸训练》由美国《体能训练》杂志副主编，美国体能协会、美国运动医学协会、美国职业网球协会认证的教练马克·科瓦克斯（Mark Kovacs）先生主编。拉伸训练在美国已有较为成熟的研究和应用。该书所讲的动力性拉伸练习法是作者在多年专业运动训练经验的基础上，结合生理学、力学原理研究设计的，并经训练试验证明在提高专项身体素质和运动能力方面具有独特而显著的效果。该书内容分为三篇：第一篇全面介绍了拉伸训练，包括对传统静力性拉伸理论的质疑，并列举了相关研究成果，以及动力性拉伸的优点；第二篇介绍了不同运动项目业余和专业人员的训练方案；第三篇介绍了动力性拉伸的训练图解。

《译丛》之二的《核心区训练》由马克·沃斯特根（Mark Verstegen）和皮特·威廉姆斯（Pete Williams）著。前者是世界上公认的最具创新性的运动训练专家，是美国AP公司（Athlete Performance）的创始人。该书包括四章：第一章介绍核心区训练的起源及发展；第二章介绍核心区训练的7个模块：准备活动、伤病预防、瑞士球训练、弹性训练、力量训练、能量系统发展训练及恢复再生训练，同时作者从生活及训练两方面阐述核心区训练的重要作用；第三章介绍核心区训练的营养计划，讲述什么是健康饮食及如何健康饮食；第四章是核心区训练计划，介绍如何组织核心区训练的7个模块，如何制订核心区训练计划。总之，该书的理论与实践结合较为紧密，书中的理论知识通俗易懂，实践方法简单易学，适合各种人群学习。

《译丛》之三的《灵敏训练》由美国体能协会注册体能专家杰伊·道斯（Jay Dawes）和马克·卢森（Mark Roozen）两位主编带领十几位美国体能协会注册体能专家共同编写。该书第一、二章分别介绍了影响动作敏捷性和反应敏捷性的因素；第三章介绍了灵敏能力测试；第四、五章介绍了提高灵敏素质的各种训练方法；第六章探讨了制订灵敏训练计划的基本要素；第七章介绍了不同专项的灵敏训练。该书有许多新的灵敏训练观点与方法，相信该书能给广大教练员、运动员及运动爱好者提供专业的训练支持与帮助。

《译丛》之四的《耐力训练》的作者是来自美国体能协会的11位顶级专家。该书共分为11章。第一章为训练的生理基础；第二章为测试与评估；第三章为训练原则及注意事项；第四章为营养与水分补充；第五章为有氧耐力训练；第六章为无氧耐力和肌肉耐力训练；第七章为耐力性运动项目的抗阻训练；第八章至第十一章则分别探讨了跑步、自行车、游泳和铁人三项运动等4个运动项目的训练安排和范例。与其他有关耐力性运动项目训练的书籍不同，该书全面介绍了如何通过科学的有氧训练、无氧训练和抗阻训练进行合理整合，设计最佳训练方案，帮助运动员和教练员根据耐力性运动项目的训练原理指导训练，同时利用评估工具，对训练过程进行评估和分析，使训练内容符合专项需求，提高训练效果，从而最大限度地提高运动员所从事运动项目的竞技水平。

《译丛》之五的《集体性项目的体能训练》由曾执教过英超职业橄榄球队的保罗·甘布尔（Paul Gamble）先生所著。集体性项目的体能训练历来都是复杂、多变、充满挑战的。凭借多年积累的体能训练经验，作者将集体性项目体能训练的理论与实践有机结合，不但有深入浅出的理论阐述，也有具体的训练计划和方法介绍，架起了一座跨越运动科学与训练和比赛实践鸿沟的桥梁。该书共包括十二章和一个附录，涵盖了训练的专门性原则及训练效应的迁移、生理及竞技能力参数评估、神经肌肉训练、机能训练、力量训练、爆发力训练、速度和灵敏性训练、核心稳定性训练、损伤预防训练——风险因素识别、损伤预防训练——专门性训练干预、计划和进度——训练的周期安排、青少年运动员的身体准备及训练设计的实用范例等内容。该书字里行间渗透着对专项需求分析、神经肌肉功能训练及运动损伤预防等的重视，相信会给我国集体性项目运动员的体能训练实践带来积极的借鉴和参考。

《译丛》之六的《运动员的时钟》由托马斯·W.罗兰（Thomas W.Rowland）博士所著。该书内容包括：中枢神经系统的潜意识如何对复杂有序的肌肉活动和节奏进行控制，以获得最佳表现；生物钟的昼夜节律如何影响运动功能；运动员对时间的感知能力是否与普通人有所差别；青少年运动技能的发展及衰老与运动表现的关系等，从全新的角度介绍了时间对运动表现的影响。作者用幽默的语言，渊博的知识，提出了许多富有挑战性的问题。该书从运动员怎样了解并利用时间才能改善运动表现的角度出发，带您穿越时间对运动表现影响的旅程。希望通过阅读该书，能改变您对时间的看法，并为运动员获得最佳运动表现的具体策略提供一定指导。

《译丛》之七的《运动员恢复指南》由美国铁人三项、美国公路跑步协会认证教练萨奇·朗基（Sage Rountree）所著。作者在该书中对运动疲劳恢复的科学方法进行了全面分析。书中告诉运动员如何确定休息的时间、如何对运动疲劳进行测量、如何合理地使用各种疲劳恢复手段。作者详细地介绍了一些常用的恢复方式，还例举了一些辅助性恢复手段，如冰浴、加压服装和营养补剂等。该书中介绍的运动疲劳恢复方法，能有效地提高运动疲劳恢复的速度和质量，促进运动员达到最佳的竞技状态，同时保证运动员无论在运动中还是在生活中都会感到心态平衡、愉快和成功。

《译丛》之八的《体能训练设计指南》由美国体能协会多位知名专家编写。该书共分为十二章。第一章和第二章介绍了运动员的竞技需要的分析、运动员测试和训练计划评估，为制订合理专项体能训练计划奠定了基础。第三章介绍了各种运动项目的准备活动，以便提高运动能力和预防损伤。第四章至第十章详细分析了各种运动素质的训练计划设计，包括发展运动员力量、爆发力、无氧能力、耐力、灵敏性、速度和平衡能力，阐述了体能训练建议的科学依据，并提供了一些训练方法和练习手段。第十一章和第十二章重点解释了如何利用书中介绍的方法让专业人士设计完整、有效的训练计划。第十一章深入讨论了训练分期理论和实践。第十二章分析了训练计划的实施、实践案例和大量的训练案例。该书不仅可作为高水平运动员和教练员的参考用书，也可为从事群众体育及其他体能训练的人员设计科学有效的训练计划提供保证。

《译丛》之九的《运动生理理论与实践》是由美国康涅狄格大学的威廉·J.克里默（William J.Kraemer）教授、科罗拉多大学的斯蒂文·J.弗莱克（Steven J.Fleck）教授和威廉玛丽学院的迈克尔·R.第施耐茨（Michael R.Deschenes）教授于2012年共同编著出版的一本运动生理学专业教材。该书与其他运动生理学专业教材的最大区别在于它具有很强的实用性。该书的编写力求避免冗长枯燥的专业论述，尽量应用大量实例激发学生的兴趣。此外，该书力求通过浅显易懂的实例使学生掌握运动生理学的基本理论和概念，同时注重将这些基本理论和概念应用于实际运动训练中。

《译丛》之十的《应用解剖学和运动生物力学》由西澳大利亚大学（The University of Western Australia）的提摩斯·R.阿克兰（Timothy R. Ackland）、布鲁斯·C.埃里奥特（Bruce C.Elliott）和约翰·布洛姆菲尔德（John Bloomfield）三位博士共同编写。该书着重阐述的观点是：评价教练员的指导效果要看其是否可以正确地诊断运动员个人竞技能力，充分发挥运动员的运动天赋，并通过专门训练弥补运动员的不足。该书包含四大部分，十八个章节。概述部分介绍了评价和调整运动员竞技能力的基本概念，以及运动员选材和诊断方法；应用解剖学部分为教练员根据专项特点和运动员的能力评估结果制订切实有效的训练计划提供了理论支持；应用生物力学部分阐述了如何分析运动技术并应用这些信息提高运动员的成绩，着重介绍了运动员体形、体能及其特长之间的联系。除了以往普遍应用的分析手段，该书还介绍了现代视频分析系统的操作方法；通过对案例的深入分析来演示针对运动员个人进行的体能和生物力学评价、干预方案和训练计划的制订和实施及最终对运动员成绩的影响。

《译丛》之十一的《运动训练周期理论》由世界著名运动训练学家普拉托诺夫（Платонов）先生所著。普拉托诺夫先生于2013年9月应邀参加第17届竞技体育与大众体育大会，其间委托首都体育学院钟秉枢校长组织翻译该书并在中国出版。

我国正处于由体育大国向体育强国迈进的关键时期，通过开展国外优秀运动训练科学丛书的翻译工作，系统引进国外运动训练科学最新的研究成果，对于促进我国运动训练科学理论的发展和运动训练实践科学化水平的提高具有极大的理论与实践意义。

译者的话

《国外运动训练科学译丛》（以下简称《译丛》）的翻译出版历时3年，即将与读者见面，我们心中既高兴又忐忑。回望《译丛》项目启动之初，从近300本国外运动训练科学专业书籍中遴选出11本，最终决定在国内翻译出版，选书的过程浸润着编委们的智慧与耐心。面对我国运动训练科学的现状和可能的读者群，在选书时既要考虑经典，又要顾及前沿；既要考虑理论，又要考虑应用；既要考虑理论深、广、新，又要考虑内容深入浅出，通俗易懂；既要考虑东欧运动训练科学体系，又要考虑美英西方体系，以期能够从不同侧面较系统地反映国际运动训练科学领域的前沿成果，还要避免盲目的拿来主义，编委们选书可谓用心良苦。

译事艰辛，甘苦自知，此次《译丛》的翻译过程让我们感受尤为深刻。丛书是由不同国籍、不同学术观点的专家所著，理论与专业术语涵盖众多不同学科领域，为了追求理论与专业术语的正本清源，专业、准确地表达作者的思想与观点，翻译团队多次邀请国内英语语言翻译方面的专家进行指导和审校，严把语言关。邀请国内外运动训练、体能康复、运动人体科学等方面的专家指导和把关专业理论与专业术语。翻译团队和出版社编辑及发行团队多次研讨、统稿、审稿，力求原著的理论与方法能够通过《译丛》准确地在国内传播，正确地引导而不是误导《译丛》的读者们，《译丛》的编委们可以说是竭尽全力。但是，限于水平，《译丛》中错漏之处仍会存在，还请读者、同仁批评并及时指正，以期重印时改正。

付梓之际，衷心感谢《译丛》的原作者。

感谢国家体育总局竞体司、科教司给予我们的帮助和支持。

感谢首都体育学院体育教育训练学院、教务处、研究生部领导的鼎力支持。

感谢中国体育科学学会运动训练学分会、北京体育大学出版社的大力协助。

感谢所有参与《译丛》工作的中外专家、学者、同仁。

《国外运动训练科学译丛》编委会

2015年6月

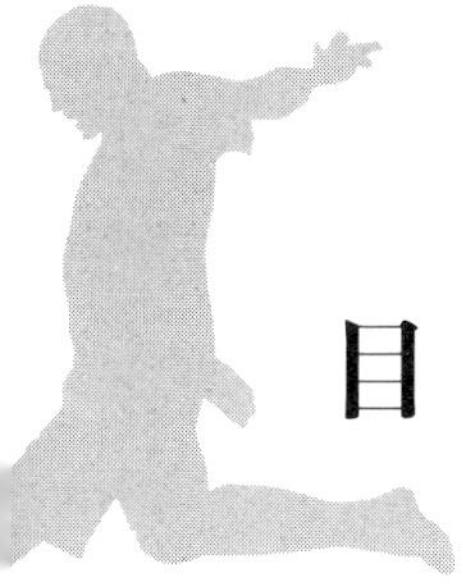

目　录

第一篇　导　论 …… 1

前　言 …… 1

1　动态拉伸的概念 …… 2

2　相关术语定义 …… 3

3　动态拉伸的目的与意义 …… 5

4　相关要求与注意事项 …… 8

5　安全有效地训练 …… 9

第二篇　各类运动项目拉伸训练计划 …… 10

使用指南 …… 10

1　棒球与垒球运动 …… 10

2　篮球运动 …… 11

3　健美运动 …… 12

4　自行车运动 …… 12

5　曲棍球运动 …… 13

6　澳式足球运动 …… 14

7　美式足球——不同场位动作技能 …… 14

8　美式足球——锋线队员动作 …… 15

9　高尔夫球运动 …… 16

10　竞技体操运动 …… 16

11　冰球运动 …… 17

12　长曲棍球运动 …… 18

13　墙网球、壁球运动 …… 18

14　英式橄榄球运动 …… 19

15　滑雪运动 …… 20

16　英式足球运动……20
17　游泳运动……21
18　网球运动……21
19　田径运动——长距离径赛项目……22
20　田径运动——短跑和跳跃项目……23
21　田径运动——投掷项目……23
22　排球运动……24
23　摔跤运动……25

第三篇　拉伸训练图解……26
1　提踵走……26
2　脚跟走……27
3　侧踝走……27
4　抱膝走……28
5　行进间股四头肌伸展……29
6　提膝展髋走……29
7　鸵式平衡……30
8　俯卧手侧走……32
9　手足爬行……33
10　蜘蛛爬……33
11　直腿行军步……34
12　跪步行走……35
13　弓步行走……37
14　跪步转体走……37
15　弓步肘膝碰走……39
16　抱膝落跪步走……39
17　侧弓步走……40
18　持棒抓举……41
19　相扑式蹲步走……42
20　矮人蹲走……43
21　盘腿下蹲……44
22　单腿臀桥……45
23　侧转传球……46
24　头上传球……47

25　屈踝踏步 …………………………………………………………………… 47
26　分腿跳…………………………………………………………………………… 48
27　预摆纵跳 ……………………………………………………………………… 49
28　连续蹲跳 ……………………………………………………………………… 49
29　原地纵跳 ………………………………………………………………………50
30　高抬腿跳 ………………………………………………………………………51
31　高抬腿跑 ………………………………………………………………………52
32　双跳接冲刺 …………………………………………………………………… 53
33　屈蹲退步走 …………………………………………………………………… 54
34　倒退跑 …………………………………………………………………………55
35　提膝踏跳跑组合（一） ………………………………………………………55
36　持棒蹲举 ………………………………………………………………………56
37　提膝踏跳跑组合（二） ……………………………………………………… 57
38　提膝分腿跳…………………………………………………………………… 58
39　直腿前摆 ………………………………………………………………………59
40　踢踏步 …………………………………………………………………………60
41　快踏步冲刺……………………………………………………………………61
42　蹲跳冲刺 ………………………………………………………………………62
43　三级跳冲刺…………………………………………………………………… 63
44　立卧撑冲刺…………………………………………………………………… 64
45　侧向滑步 ………………………………………………………………………65
46　10yd（移动）组合 ……………………………………………………………66
47　交叉步侧走…………………………………………………………………… 68
48　提膝展髋踏跳 ………………………………………………………………… 70
49　旋臂前举 ……………………………………………………………………… 70
50　合抱扩胸 ……………………………………………………………………… 72
51　头上击掌 ……………………………………………………………………… 73
52　交叉摆臂 ……………………………………………………………………… 74
53　蝎子摆尾 ……………………………………………………………………… 75

参考文献 ………………………………………………………………………… 76
推荐读物 ………………………………………………………………………… 80
致　谢 …………………………………………………………………………… 81
作者简介 ………………………………………………………………………… 82

第一篇

导 论

■前 言

“运动乃精神之砥柱，思想之动力！”

——Marcus Tullius Cicero（马库斯·图留斯·西塞罗）

万众瞩目，呐喊喧天，起跑线前运动员们屏气凝神，汗流浃背，如箭在弦，一触即发！十年磨一剑，所有的磨砺将凝聚于不到 10s 的比赛。在经过长期的刻苦训练之后，伴着发令枪的回响，运动员们如离弦之箭冲向终点！这就是奥运会 100m 短跑赛场的生动画面。

面对身边的对手你也许会想：他是否也曾像自己一样刻苦训练，是否也曾将自己的泪水和汗水沾满衣衫，留下永远无法涤去的印迹？运动员们健步如飞，伴着魔幻般的身影奔向终点，这一切持续不到 10s 就宣告结束了。最终，有人率先冲破终点线而独占鳌头，你却稍逊一筹，仅排名第五而无缘奖牌。1/4 秒之差竟造成天壤之别，这时你定会苦思：这微乎其微的差异到底缘自何因？

造成这一成绩差异的一个原因就是在赛前你们采取了不同方式的准备活动，即选择的是动态拉伸还是静态拉伸。从初学者到专业运动员甚至高水平运动员，无论是他们的教练、家长还是背后的科研团队都十分重视拉伸训练。拉伸的方式有很多，到底采取哪种拉伸练习才是最有效的呢？

一提到拉伸，很多人首先想到的就是前压腿的动作：上体前俯，用额头触及脚尖后保持拉伸动作 15~30s。这种拉伸，保持住动作的练习叫作“静态拉伸”，即传统拉伸训练法。其优点在于它不仅相对安全，而且能够明显提高关节的运动幅度。良好的身体柔韧性是进行有效运动、减少各类运动损伤以及提高健康和生活水平的必要条件。然而我们要认识到，生活中一切有益事物只有具备最佳的天时地利条件才能发挥出其应有的优势。同样，静态拉伸训练也只有在运动之后进行才能取得最佳的效果。

10 年来，体育科研人员、教练员和运动康复医疗人员通过不断研究探索发现，在体育活动之前进行热身练习还有更多适宜的方法。他们认为，应该以更为动态的拉伸练习来代替传统静态拉伸练习，因为这种动态拉伸练习还能使运动员获得更多其他方面的好处。

书中所使用的两个术语“动态准备活动”和“动态拉伸”，是指在体育活动开始前用于热身的各种身体练习和动作模式。此类练习不仅能够大幅提高运动水平，且不管是从短期还是长期来看都能够有效减少运动损伤。

1 动态拉伸的概念

10 年来，媒体、教练员、训练员、运动员和家长就拉伸训练的利弊问题表达了不同的观点，其中有正确的，也有错误的。

在这些观点中，有很多是非常有益的、实用的和行之有效的。但与速度、耐力、力量等其他身体素质训练相比，动态拉伸仍未被大家深刻认识和广泛关注。人们对于拉伸训练的理解，相当一部分困难来自相关术语的使用前后不一致，以及在描述同一类型拉伸动作时，不同教练员和运动员使用的词汇截然不同。在以下内容中我们将详细解读这些术语。

动态拉伸练习与静态拉伸练习最大的区别就是，在动态拉伸过程中，肌肉突然被拉长就会引起牵张反射效应，肌肉、关节、肌腱和韧带均会在这种牵拉状态下反射性收缩，从而在增加动作幅度的同时提高功能动作能力。跪步转体走和手足爬行是这类动作的典例。

这类动态拉伸练习要求练习者同时具备力量和柔韧两种素质，作为最佳训练手段，这些练习能够在提高力量、柔韧性、平衡性和协调性的同时为一般运动或具体身体活动热身。热身时采用动态拉伸练习将会使你事半功倍，大受裨益，这是静态拉伸所无法比拟的。

2 相关术语定义

如前所述，相关术语的使用前后不一致，是人们认识和理解动态拉伸概念最主要的障碍。下面我们就对一些关键的术语进行定义，并在全书中统一使用规范术语。对相关术语的定义坚持了普遍性、可接受性原则，内容通俗易懂。

2.1 准备活动

有效的准备活动可预热肌肉、升高体温，并加快全身血液循环，因此，在各类体育活动或比赛前安排一段时间的准备活动是非常重要的。准备活动的目标应具有多向性，使运动员从生理和心理两方面为即将参加的运动或比赛做好充分的准备。合理有效的准备活动应能够对人体产生以下几个方面积极效果，也就是由美国体能协会提出的力量训练和体能要素。

- 促进主动肌与拮抗肌的快速收缩与放松。
- 提高发力速率，缩短反应时。
- 增加肌肉力量和爆发力。
- 降低肌肉黏滞性。
- 升高体温，增加摄氧量。
- 促使更多血液流向活动的肌肉。
- 加强代谢，加大能量消耗。

2.2 活动幅度

活动幅度，即关节伸展度。对运动员来说，具备不同平面上的功能性和运动性活动幅度，以及训练和比赛中常用的动作模式是非常重要的。

2.3 柔韧性

柔韧性是活动幅度的评价指标，分为静态和动态两种类型。静态柔韧性是指在被动拉伸活动中，人体关节及其周围肌肉、韧带和其他相关组织的活动幅度。静态柔韧性练习时无须主动性肌肉活动，仅依靠外部力量（如同伴辅助、重力作用或借助器械）来拉伸肌肉。动态柔韧性是指在主动的活动中能达到的活动幅度，因而需要有主动性肌肉活动。对运动员来说，动态活动幅度显然比静态活动幅度更为重要。

2.4 拉伸练习

运动前的拉伸练习主要有 3 种：静态拉伸、动态拉伸和冲击式拉伸。

2.4.1 静态拉伸

静态拉伸是一种将肌肉拉伸至极点后静止不动并保持 15s~5min 的持续拉伸法。

2.4.2 动态拉伸

动态拉伸是一种有运动针对性的功能性拉伸练习，练习时应采用运动动作，以使身体能更快适应接下来的活动。动态拉伸注重涉及多关节、多肌群和多平面的拉伸动作模式，而静态拉伸却是注重单关节、单肌群和单平面的拉伸练习。

2.4.3 冲击式拉伸

做冲击式拉伸练习时，肌肉主动用力收缩牵拉肢体或相应部位摆动，以借助弹振的力量增加运动幅度，而无须持续控制。

与静态拉伸不同，冲击式拉伸可促发牵张反射，这对于运动水平不高或没有掌握好此方法的人来说，极易造成运动损伤。

冲击式拉伸一般不宜作为准备活动。腰部和（或）股后肌受过伤的人不可采用此练习。

3 动态拉伸的目的与意义

剧烈运动前所做的准备活动不纯粹是为了热身，否则跳跳绳、慢跑几圈、蹬蹬固定自行车也就足够了。

准备活动可用于多项身体素质的适应性训练，包括提高肌肉力量、耐力、柔韧性、协调性，矫正肌肉的大小失衡状态。动态准备活动的优点在于能够快速、全面且充分地活动身体。合理有效的动态准备活动可强化身体素质，提高运动水平，加强肌肉力量，提高爆发力、速度及灵敏反应。

业余运动爱好者的动态准备活动时间为 10~20min。随着运动水平的提高，准备活动时间需要相应延长，专业运动员的准备活动时间通常为 30~60min。除了为即将进行的运动热身外，动态准备活动还具有诸多其他积极作用。不仅其本身就是一项身体素质训练，而且练习中的很多动作就是在模仿专项动作和肌肉活动形式。

3.1 审视运动前静态拉伸练习

几十年来，教练员和运动员都习惯于在运动前进行静态拉伸练习，希望以此提高运动水平并预防运动损伤。20 世纪 80 年代至 90 年代中期，相关科学研究认为静态拉伸可作为运动前准备活动的有效补充。自 20 世纪 90 年代初开始，日本、澳大利亚和美国的很多学者对拉伸进行了大量的研究，力图找到提高运动成绩的最佳方法。这里仅概括了一些关于拉伸训练、运动成绩和运动损伤预防方面的研究成果。本书附有详细的参考文献信息，如果你对拉伸训练理论感兴趣的话，可做进一步了解，这将对你大有裨益。

尽管早在 20 世纪 60 年代就有研究证明运动前进行静态拉伸不会提高短跑运动成绩，但其仍被很多教练员和运动员视为一般的准备活动方式。然而，与静态拉伸可提高运动成绩的观点相反，很多研究表明传统静态拉伸只会得到相反的效果，它会使力量、速度和爆发力下降。作为爆发力的一个有效评价指标，跳深（从一定高度跳下落地并紧接着蹬地快速跳起）水平在静态拉伸后亦表现出严重下降的现象。准备活动中的静态拉伸也会对跳高成绩产生负面影响。研究证明，静态拉伸后即刻运动，绝对力量和爆发力下降 30%。

由此可见，静态拉伸会严重影响运动水平的发挥，特别是那些对速度和爆发力有较高要求的项目，如田径项目中的短跑、跳跃、投掷，以及短距离游泳、举重、健美等。

静态拉伸后运动能力下降可能与拉伸练习时的肌肉拉伸形式及活动方式直接相关。静态拉伸练习导致的运动能力下降可持续 60min。各国科研专家正在致力于探索导致这一现象的根本原因。虽然有人对这一影响机制进行了一些理论研究，但他们同本书一样，并没有对这一机制做出明确的解释。其中一些研究认为，原因在于肌肉反射敏感性减弱，肌肉、肌腱韧度或神经肌肉激活能力下降等。

动态准备活动的好处

拉伸
爆发力
耐力
柔韧
协调
平衡
神经肌肉激活
速度
心理准备

静态拉伸对运动能力产生积极的还是消极的影响取决于拉伸动作的快慢。静态拉伸后进行快速运动时动作速度没有下降，例如，静态拉伸不会降低网球发球动作的速度和准确性。

对于这一现象，另有一些相关研究认为，其原因可能是因为运动前静态拉伸不会对快速或要求准确性的动作产生负面影响。 研究者们根据某项研究结果认为，静态拉伸会降低等速力量，不过这种情况只有在关节低速旋转时才会出现。但最近一项对高水平运动员 20yd(1yd ≈ 0.914m,20yd ≈ 18.28m)短跑速度(涉及速爆发力动作)的实验研究否定了这种观点。研究发现，静态拉伸练习会延长跑的时间，使速度下降，还不如不拉伸。

根据这些研究结果，运动前静态拉伸训练显然会降低人体的力量、速度和爆发力。因此，对于力量、速度或者爆发型项目，运动员在正式运动或比赛前 1h 内要避免或减少缓慢的静态拉伸练习。通过这些理论研究及多年的教学训练实践发现，静态拉伸会限制运动能力的提高，这也能解释为何动态拉伸训练可有效提高运动水平的观点。对于特别依赖力量、速度和爆发力的运动项目来说，这方面运动水平的提高至关重要。

传统观念及一些被曲解了的观点认为，预先进行静态拉伸练习有助于提高运动能力。除此之外，教练和运动员至今仍然坚持运动前进行静态拉伸的另一个主要原因是，他们觉得静态拉伸可以减少运动损伤。这可能是基于这样一种认识，即“僵硬的”肌肉-韧带组织不易被拉伸，也就是说它不能被拉伸到很大幅度。这种臆测使人们长期以来坚持一种观点：静态拉伸练习可以预防与肌肉和韧带相关的运动损伤。但是，最近的一项研究不仅未提供支持这种观点的数据，反而论证了另一种截然相反的观点：运动前进行静态拉伸并不会减少运动损伤。

一项关于预防下肢运动损伤的实验研究，即对1538名新征男兵进行12周的拉伸训练后发现，预先进行静态拉伸并未使运动损伤率下降。对于预先进行静态拉伸训练能够有效预防下肢运动损伤的观点，在2001年的一项关于拉伸训练的综述性研究中并未找到确凿的依据。大量有关拉伸训练与运动损伤率关系的研究和综述结果表明，预先静态拉伸练习与运动损伤率减少无关。

综上所述，我们发现虽然静态拉伸不能降低运动损伤发生率，但也没有研究证明它会使损伤率增加。导致运动损伤的原因是多方面的，而柔韧性（会使运动损伤增加或减少）只不过是其中一个方面。疲劳和运动量过大被视为自发性肌肉损伤的两大诱因。合理的准备活动方式和充分有效的热身练习有助于机体进入最佳状态，从而预防运动损伤。与注重静态拉伸的准备活动相比，动态准备活动可更大程度地升高肌肉温度。一般来说，体温较低时极易发生肌肉拉伤和关节扭伤，而通过动态拉伸这一热身机制可有效地预防此类损伤。动态准备活动是模仿人在正式练习中的运动形式和速度，这样也会减少运动损伤，因为正式练习中的运动形式和动作幅度在准备活动中已经得到了相应的锻炼。这种模仿训练动作的热身练习是静态拉伸练习所不具备的。

3.2 适合不同水平运动员的实用热身方法

已有研究显示，正式训练或比赛前1h内进行静态拉伸练习既不能提高运动水平，也不能减少运动损伤。然而，有限的肌肉伸展性和关节活动幅度不仅会降低运动能力，也会使运动损伤增加。因此，对于处于不同运动水平和年龄阶段的运动员来说，提高运动幅度以及身体主要肌群和关节的柔韧性是至关重要的。运动员进行拉伸训练的最佳时间是在训练结束后和傍晚。在提高运动幅度方面，拉伸训练不管是安排在运动结束前还是其他时间，其效果是一样的。本书所归纳的动态热身活动经研究证明，在提高身体素质方面更为有利，更具针对性，效果更为显著。

既然我们已对传统静态拉伸的相关科学研究有了更为清晰的认识，现在就让我们来学习一套更为合理、有效的热身练习——动态拉伸练习，以提高运动能力、身体素质和整体健康水平吧！

■ 4 相关要求与注意事项

本书旨在为各种运动项目的动态热身练习和活动提供全面指导。在开始运动包括进行动态热身练习之前，有必要进行健康体检并遵循渐进超负荷训练原则。

渐进超负荷训练原则是指在进行热身练习时，要系统地、逐步地增加运动强度和运动量。准备活动的强度包括动作的幅度、力量和速度；量包括重复次数和总的练习时间。

训练和比赛经验不足的低水平新运动员应从幅度较小、较为轻松、速度较慢的动作开始练习。跪步行走适合初学者练习，而提膝分腿跳由于动作幅度、力量较大，速度较快，则适合高水平的运动者练习。此类动作的练习距离一般 10yd 为宜，但也有很多较高水平的运动员在练习时，距离常常为 20~40yd。

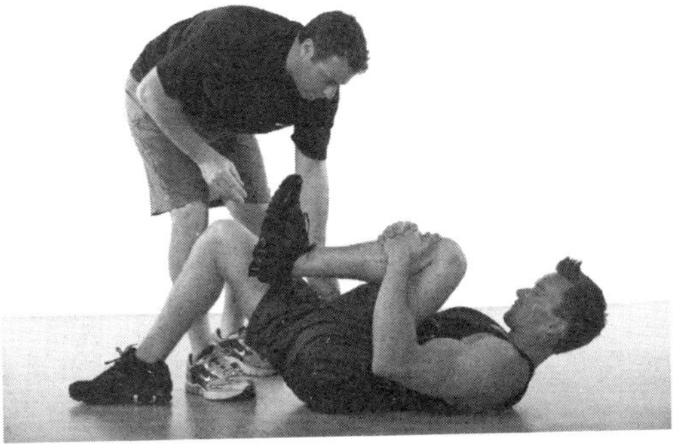

在做动态热身练习之前，要做3~10min的轻度有氧运动，使心率缓慢增加，使肌肉温度和体温逐步升高。慢跑、蹬固定自行车或跳绳等简单的练习都是进行下一环节前的快速、有效的热身方式。建议运动强度和总运动量的增加控制在每周5%~10%，以免因增幅太大而增加运动损伤的风险。

本书第三篇列出了不同运动项目的训练方案示例，可作为帮助你提高动态热身水平的起点。方案中的练习动作是按由易到难的方式设计的。当你的力量、柔韧性、爆发力、平衡能力、协调性、速度和耐力素质在不断提高时，你可以结合书中50多个动态热身练习动作，设计出适合自己的练习。

■5　安全有效地训练

很多运动员，特别是年轻运动员在进行各种热身练习时不注重正确的动作技术。不注重技术，就达不到动态热身的效果。本书清晰地讲解了每一种练习和动作模式，图文并茂，便于学习并不断改进练习中的技术动作。在热身练习中，注意“感知”关键的肌肉并刻意去运用这些肌肉是非常重要的，因此，书中列出了每一种练习所要运用的主要肌肉正确掌握动作技术至关重要，它不仅有利于锻炼到准确部位的肌肉并强化动作模式，还会减少运动损伤。所以，勇敢地迎接挑战，在运动训练中畅享与体验动态热身练习吧，用智慧和汗水来铸就你辉煌的明天！

第二篇

各类运动项目拉伸训练计划

■ 使用指南

针对不同运动项目、技术动作，以及不同部位肌肉，本书介绍了几十种可用于准备活动、积极性休息和全身运动的热身练习手段。在制订个人训练计划时，可根据具体需要选用适合的练习手段。

这些动作练习用途十分广泛。为了提高运动水平，运动员在正式训练或比赛前通常会挑选出 10~15 种练习方法热身 15min。高水平运动员和专业运动员在训练或比赛前一般采用此类练习手段热身 45min。对于处在伤病恢复中，或想提高功能性力量和柔韧性的人来说，把这些热身练习作为整堂训练课的练习内容也是很常见的。

这些练习手段最大的优点在于练习时大都无须借助任何器械，也不需要太大的场地和空间，且随着个人力量、柔韧性及肌肉承受力不断加强，可递增动作难度。若不能每日进行一次动态拉伸训练，也要安排一周多次训练，这才能有效提高运动成绩，预防运动损伤，并利于日常身体活动。练习时一定要注意四肢、肩背和核心区动作规范，姿势正确。本书第三篇中对各练习手段的讲解简略易懂，利于练习者更好地掌握动作方法，以取得理想的训练效果。

■ 1　棒球与垒球运动

棒球和垒球项目要求运动员具有较高的扭转力和柔韧性。棒球和垒球击球动作的完成依靠一种动态链，即下肢蹬地发力，力量通过核心区和上肢传至球棒以加大击球力量。此类项目的热身活动应以为击球做准备的扭转动作练习为主，同时也应进行为跑垒做准备的直线动作练习。

业余运动员：1组/课　　　　专业运动员：2组/课

序号	练习内容	练习量
2	脚跟走	10yd
4	抱膝走	10yd
9	手足爬行	10yd
10	蜘蛛爬	10yd
14	跪步转体走	20yd
19	相扑式蹲步走	10yd
47	交叉步侧走	20yd
35	提膝踏跳跑组合（一）	20yd
50	合抱扩胸	10yd
51	头上击掌	10yd
52	交叉摆臂	10yd
44	立卧撑冲刺	10yd

2 篮球运动

篮球项目十分注重加速跑、变换方向，以及弹跳力练习。因此，准备活动应围绕这几个方面进行，从小强度的动作练习逐步过渡到具有高度爆发力的多运动面的动作练习（前、后、左、右、上、下）。

业余运动员：1组/课　　　　专业运动员：2组/课

序号	练习内容	练习量
1	提踵走	10yd
2	脚跟走	10yd
3	侧踝走	10yd
36	持棒蹲举	10次
9	手足爬行	20yd
10	蜘蛛爬	10yd
35	提膝踏跳跑组合（一）	20次

续表

序号	练习内容	练习量
25	屈踝踏步	20次
32	双跳接冲刺	10yd
33	屈蹲退步走	10yd
46	10yd（移动）组合	10yd
52	交叉摆臂	10yd

■ 3　健美运动

健美运动注重肌肉体积和围度的增加，追求匀称的体形和较少的体脂。准备活动应以全身肌肉活动为主，旨在减少运动损伤的发生。下面这些动作练习也可以采取有氧的方式进行。

业余运动员：1组/课　　专业运动员：2组/课

序号	练习内容	练习量
1	提踵走	10yd
36	持棒蹲举	10次
5	行进间股四头肌伸展	10yd
22	单腿臀桥	10yd
7	鸵式平衡	20yd
16	抱膝落跪步走	10yd
17	侧弓步走	20次
21	盘腿下蹲	20次
20	矮人蹲走	10yd
29	原地纵跳	10yd
50	合抱扩胸	10yd
52	交叉摆臂	10yd

■ 4　自行车运动

自行车是一项以下肢活动为主的运动项目，对股四头肌、股后肌（泛指股后肌群，包括股二头肌、半腱肌、半膜肌）和腓肠肌的力量有较高要求。核心区需要足够强壮以利于下肢蹬踏发力。此外，髋部屈肌和股后肌较高的柔韧性是合理蹬踏节奏和有效蹬踏动作的有力保证。

业余运动员：1组/课　　专业运动员：2组/课

序号	练习内容	练习量
1	提踵走	10yd
2	脚跟走	10yd
18	持棒抓举	10次
9	手足爬行	10yd
10	蜘蛛爬	10yd
53	蝎子摆尾	10yd
5	行进间股四头肌伸展	10yd
16	抱膝落跪步走	20yd
21	盘腿下蹲	10yd
29	原地纵跳	5次
28	连续蹲跳	5次
38	提膝分腿跳	20yd

■ 5 曲棍球运动

曲棍球与英式足球的运动特点十分相似。运动员加速跑、减速跑及变换方向的能力成为赛场制胜的关键。运动员需要练习直线和侧向跑动动作，并加强股后肌柔韧性练习，以减少股后肌和腰部拉伤的发生。

业余运动员：1组/课　　专业运动员：2组/课

序号	练习内容	练习量
1	提踵走	10yd
2	脚跟走	10yd
3	侧踝走	10yd
9	手足爬行	10yd
10	蜘蛛爬	10yd
11	直腿行军步	10yd
17	侧弓步走	10yd
14	跪步转体走	10yd
20	矮人蹲走	10yd
35	提膝踏跳跑组合（一）	20yd

续表

序号	练习内容	练习量
37	提膝踏跳跑组合（二）	20yd
43	三级跳冲刺	20yd

■ 6　澳式足球运动

澳式足球项目要求速度快，跑动距离长，运动员经常要全速冲刺。因此，要注重提高运动员股后肌和腰部活动幅度，以及加强核心区肌肉力量，以保证快速爆发并变换方向动作的顺利完成。

业余运动员：1组/课　　专业运动员：2组/课

序号	练习内容	练习量
1	提踵走	10yd
2	脚跟走	10yd
3	侧踝走	10yd
5	行进间股四头肌伸展	10yd
9	手足爬行	10yd
11	直腿行军步	10yd
10	蜘蛛爬	10yd
12	跪步行走	20yd
17	侧弓步走	10yd
31	高抬腿跑	20yd
37	提膝踏跳跑组合（二）	20yd
43	三级跳冲刺	20yd

■ 7　美式足球——不同场位动作技能

此项目要求不同场位运动员，如跑卫、外接员和角卫等具有较高爆发式加速变向跑和减速跑的能力。髋部屈肌和股后肌活动幅度的提高是加快跑动速度并降低不同场位动作中多种常见运动损伤的重要保证，因此，在准备活动中应注重对这些肌肉的练习。

业余运动员：1组/课　　专业运动员：2组/课

序号	练习内容	练习量
1	提踵走	10yd
2	脚跟走	10yd
3	侧踝走	10yd
9	手足爬行	10yd
10	蜘蛛爬	10yd
17	侧弓步走	20yd
30	高抬腿跳	10yd
35	提膝踏跳跑组合（一）	10yd
42	蹲跳冲刺	10yd
46	10yd（移动）组合	20yd
39	直腿前摆	20yd
50~52	合抱扩胸/头上击掌/交叉摆臂	10yd

■ 8　美式足球——锋线队员动作

美式足球的锋线运动员要具备直线跑的绝对爆发力及快速侧向移动能力。要注重加强上肢，特别是腕部和前臂的力量与柔韧性及髋部的活动幅度，以利于加速跑和下肢发力。

业余运动员：1组/课　　专业运动员：2组/课

序号	练习内容	练习量
2	脚跟走	10yd
3	侧踝走	10yd
9	手足爬行	10yd
10	蜘蛛爬	10yd
6	提膝展髋走	10yd
20	矮人蹲走	10yd
17	侧弓步走	10yd
21	盘腿下蹲	10yd
8	俯卧手侧走	10yd
19	相扑式蹲步走	10yd

续表

序号	练习内容	练习量
46	10yd（移动）组合	10yd
50~52	合抱扩胸/头上击掌/交叉摆臂	10yd

■ 9 高尔夫球运动

高尔夫球项目要求运动员具有较大的扭转力量和单个动作爆发力。运动员的躯干、髋关节、腰腹及肩带肌活动幅度增加不仅有助于提高运动水平，亦可减少运动损伤。在此类项目的准备活动中要特别注重练习上下肢扭转动作，以及在各种动作中保持核心区稳定性。

业余运动员：1组/课　　专业运动员：2组/课

序号	练习内容	练习量
3	侧踝走	10yd
22	单腿臀桥	10yd
18	持棒抓举	10yd
9	手足爬行	10yd
10	蜘蛛爬	10yd
14	跪步转体走	10yd
50~52	合抱扩胸/头上击掌/交叉摆臂	10yd
49	旋臂前举	10yd
29	原地纵跳	10yd
8	俯卧手侧走	10yd
23	侧转传球	10yd
27	预摆纵跳	10yd

■ 10 竞技体操运动

竞技体操是多个不同运动子项目（如跳马、鞍马、高低杠、吊环和自由体操等）的总称。此类项目要求运动员身体各关节部位均具有较大的活动幅度，多方向运动的爆发力是准备活动中练习的重点。

业余运动员：1组/课　　专业运动员：2组/课

序号	练习内容	练习量
2	脚跟走	10yd
4	抱膝走	10yd
9	手足爬行	10yd
10	蜘蛛爬	10yd
14	跪步转体走	10yd
19	相扑式蹲步走	10yd
47	交叉步侧走	20yd
49	旋臂前举	10yd
50	合抱扩胸	10yd
51	头上击掌	10yd
52	交叉摆臂	10yd
24	顶上传球	10yd

■ 11　冰球运动

冰球，也叫冰上曲棍球，包括冰球和轮滑球，非常注重对运动员核心区肌群和下肢肌肉力量、爆发力和活动幅度的训练。快速变换运动方向的能力和侧向移动时所需的爆发力乃是决定成败的关键因素。准备活动时要集中于侧向动作练习，并注意提高身体扭转幅度，以利于运动员发挥出较高的运动水平。

业余运动员：1组/课　　专业运动员：2组/课

序号	练习内容	练习量
2	脚跟走	10yd
9	手足爬行	10yd
10	蜘蛛爬	10yd
53	蝎子摆尾	10yd
17	侧弓步走	10yd
21	盘腿下蹲	20yd
23	侧转传球	10yd
48	提膝展髋踏跳	10yd
46	10yd（移动）组合	10yd

续表

序号	练习内容	练习量
38	提膝分腿跳	20yd
50~52	合抱扩胸/头上击掌/交叉摆臂	10yd

■ 12 长曲棍球运动

长曲棍球运动员在跑动和接抛球的过程中，上下肢需同时运动并密切配合，这就要求运动员的上下肢与核心区肌群在各种平面上做动作时均表现出较大力量。准备活动中要采用使多关节参与活动及在不同平面上进行运动的练习手段。

业余运动员：1组/课　　专业运动员：2组/课

序号	练习内容	练习量
1	提踵走	10yd
2	脚跟走	10yd
3	侧踝走	10yd
9	手足爬行	10yd
10	蜘蛛爬	10yd
13	弓步行走	10yd
17	侧弓步走	10yd
14	跪步转体走	10yd
35	提膝踏跳跑组合（一）	10yd
8	俯卧手侧走	10yd
43	三级跳冲刺	20yd

■ 13 墙网球、壁球运动

墙网球和壁球项目在运动员身体素质方面的要求相近，均需要下肢在各种方向运动时表现出较大的爆发力。此外，此类项目的挥拍之力均依靠自下而上的动态链来传递。身体扭转力和活动幅度对比赛中制胜至关重要，因此，在准备活动中应注重对此方面的练习。

业余运动员：1组/课　　　　专业运动员：2组/课

序号	练习内容	练习量
2	脚跟走	10yd
3	侧踝走	10yd
36	持棒蹲举	10yd
9	手足爬行	10yd
10	蜘蛛爬	10yd
20	矮人蹲走	10yd
35	提膝踏跳跑组合（一）	10yd
8	俯卧手侧走	10yd
14	跪步转体走	10yd
28	连续蹲跳	10yd
46	10yd（移动）组合	10yd
41	快踏步冲刺	10yd

■ 14　英式橄榄球运动

英式橄榄球是一项要求兼具爆发力、力量、灵敏、速度和耐力的运动项目，因此，该项目的准备活动要求练习所有运动面上的动作。需要包括侧向、直线、多方向的活动，还需要进行不同距离的动作训练，还应包括加速度和极速动作训练。

业余运动员：1组/课　　　　专业运动员：2组/课

序号	练习内容	练习量
1	提踵走	10yd
2	脚跟走	10yd
3	侧踝走	10yd
9	手足爬行	10yd
6	提膝展髋走	10yd
53	蝎子摆尾	10yd
17	侧弓步走	10yd
15	弓步肘膝碰走	10yd
20	矮人蹲走	10yd
35	提膝踏跳跑组合（一）	20yd
37	提膝踏跳跑组合（二）	20yd
43	三级跳冲刺	20yd

■ 15 滑雪运动

高山滑雪和越野滑雪注重的是直线加速动作和个别侧向动作。在准备活动中要加强在直线与侧向运动中柔韧性和爆发力的练习，以提高身体素质整体水平。

业余运动员：1组/课　　专业运动员：2组/课

序号	练习内容	练习量
1	提踵走	10yd
2	脚跟走	10yd
3	侧踝走	10yd
9	手足爬行	10yd
10	蜘蛛爬	10yd
17	侧弓步走	10yd
30	高抬腿跳	20yd
28	连续蹲跳	10yd
42	蹲跳冲刺	10yd
46	10yd（移动）组合	10yd
38	提膝分腿跳	20yd
49	旋臂前举	10yd

■ 16 英式足球运动

英式足球运动注重在所有运动面上完成的多方向动作。准备活动应侧重于提高动态运动幅度，以防止运动损伤，尤其是腰部、髋部及股后肌和髋屈肌的损伤。

业余运动员：1组/课　　专业运动员：2组/课

序号	练习内容	练习量
2	脚跟走	10yd
3	侧踝走	10yd
5	行进间股四头肌伸展	10yd
9	手足爬行	10yd
10	蜘蛛爬	10yd
12	跪步行走	20yd

续表

序号	练习内容	练习量
17	侧弓步走	10yd
30	高抬腿跳	20yd
35	提膝踏跳跑组合（一）	20yd
37	提膝踏跳跑组合（二）	20yd
47	交叉步侧走	20yd
43	三级跳冲刺	20yd

■ 17　游泳运动

游泳项目包括长距游和短距游，要求运动员具有上下肢爆发力和强大的核心区肌肉力量，以便在水中产生更有效的动态传递。准备活动在地上或水中进行均可。

业余运动员：1组/课　　专业运动员：2组/课

序号	练习内容	练习量
1	提踵走	10yd
2	脚跟走	10yd
36	持棒蹲举	10yd
9	手足爬行	10yd
10	蜘蛛爬	10yd
6	提膝展髋走	10yd
17	侧弓步走	10yd
8	俯卧手侧走	10yd
49	旋臂前举	10yd
46	10yd（移动）组合	10yd
50~52	合抱扩胸/头上击掌/交叉摆臂	10yd
24	顶上传球	10yd

■ 18　网球运动

网球项目需要运动员在柔韧性、爆发力、力量和动平衡能力等身体素质方面均达到较高水平。能量通过动态链从地面向上传递时，要求具备强有力的核心区肌群、有效的力量和良好的柔韧性，使力量通过下肢向上经核心区和上肢传至球拍。在运动中，髋关节（直线和侧向）与肩部的动态运动幅度有助于防止运动损伤。

业余运动员：1组/课　　专业运动员：2组/课

序号	练习内容	练习量
2	脚跟走	10yd
9	手足爬行	10yd
25	屈踝踏步	10yd
10	蜘蛛爬	10yd
6	提膝展髋走	10yd
17	侧弓步走	10yd
45	侧向滑步	10yd
50	合抱扩胸	10yd
23	侧转传球	10yd
46	10yd（移动）组合	10yd
49	旋臂前举	10yd
50-52	合抱扩胸/头上击掌/交叉摆臂	10yd

■ 19　田径运动——长距离径赛项目

长距离径赛项目的准备活动要侧重直线移动练习，要求保持适当的下肢柔韧性与核心区肌肉力量，以提高动作效率，降低每一跨步的体能消耗。

业余运动员：1组/课　　专业运动员：2组/课

序号	练习内容	练习量
1	提踵走	10yd
2	脚跟走	10yd
3	侧踝走	10yd
40	踢踏步	10yd
9	手足爬行	10yd
10	蜘蛛爬	10yd
53	蝎子摆尾	10yd
30	高抬腿跳	20yd
28	连续蹲跳	10yd

续表

序号	练习内容	练习量
34	倒退跑	10yd
35	提膝踏跳跑组合（一）	20yd
37	提膝踏跳跑组合（二）	40yd

■ 20　田径运动——短跑和跳跃项目

短跑项目如 100m、200m 要求运动员具有很高的加速和极速直线移动的能力。若想完成此类动作并减少运动损伤，需要进行以直线移动为主的热身练习，并侧重下肢柔韧性和核心区肌肉力量的加强。

业余运动员：1组/课　　　　专业运动员：2组/课

序号	练习内容	练习量
1	提踵走	10yd
2	脚跟走	10yd
3	侧踝走	10yd
40	踢踏步	10yd
9	手足爬行	10yd
10	蜘蛛爬	10yd
53	蝎子摆尾	10yd
30	高抬腿跳	30yd
28	连续蹲跳	10yd
42	蹲跳冲刺	30yd
35	提膝踏跳跑组合（一）	40yd
37	提膝踏跳跑组合（二）	40yd

■ 21　田径运动——投掷项目

铁饼、铅球、链球和标枪等投掷项目需要多次重复单个爆发性动作，这就使运动员必须能够在多运动面的动态运动幅度中表现出较大的爆发力。

业余运动员：1组/课　　　　　　　　专业运动员：2组/课

序号	练习内容	练习量
3	侧踝走	10yd
18	持棒抓举	10yd
9	手足爬行	10yd
10	蜘蛛爬	10yd
53	蝎子摆尾	10yd
14	跪步转体走	20yd
17	侧弓步走	20yd
50-52	合抱扩胸/头上击掌/交叉摆臂	10yd
49	旋臂前举	10yd
27	预摆纵跳	20yd
8	俯卧手侧走	10yd
23	侧转传球	20yd

■ 22 排球运动

排球是以多方向移动和直上动作为主的运动项目。在准备活动中首先应注重腰部、核心区和腿部动态运动幅度的提高，其次是注重肩关节运动幅度的提高。

业余运动员：1组/课　　　　　　　　专业运动员：2组/课

序号	练习内容	练习量
1	提踵走	10yd
2	脚跟走	10yd
3	侧踝走	10yd
36	持棒蹲举	10yd
9	手足爬行	10yd
10	蜘蛛爬	10yd
35	提膝踏跳跑组合（一）	10yd
26	分腿跳	20yd
44	立卧撑冲刺	20yd
27	预摆纵跳	20yd
28	连续蹲跳	20yd
46	10yd（移动）组合	10yd

■ 23　摔跤运动

摔跤运动要求运动员具有较强的全身肌肉力量和柔韧性，为此，要进行全身性热身练习，侧重于特殊和非传统部位的动作和部位练习。

业余运动员：1组/课　　　　专业运动员：2组/课

序号	练习内容	练习量
2	脚跟走	10yd
4	抱膝走	10yd
9	手足爬行	10yd
10	蜘蛛爬	10yd
53	蝎子摆尾	10yd
14	跪步转体走	20yd
19	相扑式蹲步走	20yd
20	矮人蹲走	20yd
45	侧向滑步	20yd
44	立卧撑冲刺	20yd
46	10yd（移动）组合	20yd

第三篇

拉伸训练图解

1 提踵走

Toe Walk（TW）

练习目的：发展踝关节力量、提高踝关节功能性运动幅度和关节稳定性，增强小腿肌肉力量。

准备姿势：自然站立，挺胸抬头。

图 1：双脚脚后跟提起，重心置于前脚掌，保持身体平衡。

图 2：左脚向前一步，前脚掌触地，脚尖尽量踮起。此动作可加强小腿肌肉力量。

右脚上步并重复上一动作。双脚交替向前行进。

准备姿势

❶

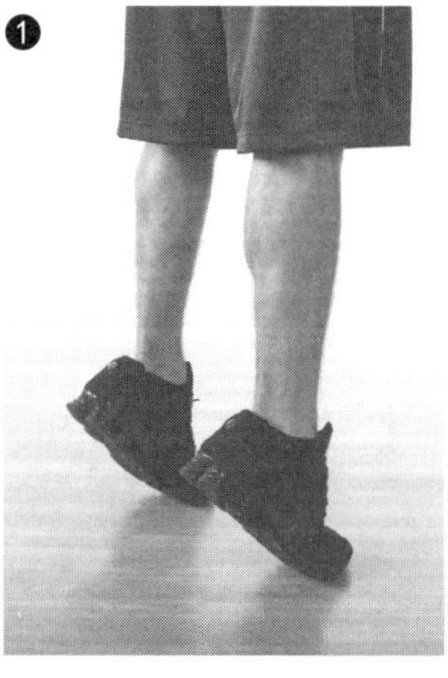

❷

2　脚跟走

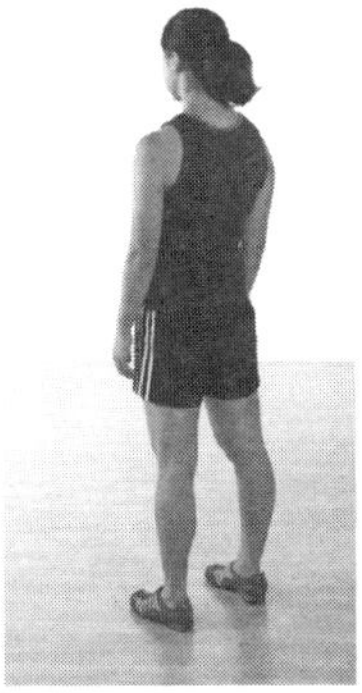
准备姿势

Heel Walk（HW）

练习目的：发展踝关节肌肉力量，提高踝关节功能性运动幅度和关节稳定性。亦可加强胫骨周围肌肉力量，以防止胫骨骨折。

准备姿势：自然站立，挺胸抬头。

图 1：双脚脚尖翘起，脚跟着地。

图 2：左脚上步，重心移至脚跟，脚尖尽力上勾。此动作可增强胫骨前肌力量（自膝关节至脚踝的腿前部肌肉群）。

右脚上步并重复此动作。双脚交替向前行进。

❶

❷

3　侧踝走

准备姿势

Side Ankle Walk（SAW）

练习目的：发展踝关节肌肉力量，提高踝关节功能性运动幅度和关节稳定性。亦侧重伸拉肌肉、肌腱和韧带，以防止常见的踝关节扭伤（外翻性扭伤，即踝关节向外凸出）。

准备姿势：自然站立，挺胸抬头。

图 1：双脚脚底内翻，使双脚外侧着地并保持身体平衡。

图 2：右脚前迈，脚外侧着地，重心随之移至右脚外侧，使右脚脚心离地。

左脚迈步重复以上动作。双脚交替上步继续练习。

❶ 

❷ 

■ 4 抱膝走

Knee to Chest Walk（KTCW）

练习目的：提高腰部和臀部屈肌功能性运动幅度，提高动态平衡能力和体态控制能力。

准备姿势：自然站立，挺胸抬头。

图 1：左腿屈膝上提，双手抱膝向上拉至胸前。同时，右脚脚尖踮起，身体垂直向上立起，力达头顶。动作保持约 2s。

图 2：双手缓慢放开左膝并向前迈左步，右腿提膝并重复上一动作。

双腿交替继续练习。

准备姿势

❶ 

❷ 

■ 5 行进间股四头肌伸展

准备姿势

Walking Quad Stretch（WQS）

练习目的：增强臀部屈肌和股四头肌柔韧性，提高单腿平衡能力。

准备姿势：自然站立，挺胸抬头。

图 1：左腿屈膝后摆，左手抓脚，同时，右脚脚尖踮起。动作保持约 2s。

图 2：松开左脚，左脚上步，右腿重复上述动作。

双腿交替练习。

■ 6 提膝展髋走

准备姿势

Knee to Shoulder Lateral Walk – Frogger（KTSLW）

练习目的：提高髋关节功能性运动幅度，特别是外旋幅度，提高上下肢的协调能力。

准备姿势：自然站立，挺胸抬头。双臂展开与肩同高，掌心向前。

图 1：左腿提膝屈髋，外展时带动膝关节外摆至腋下。

图 2：左腿落下，右腿重复相同动作。

双腿交替练习。

加难练习：配上跳步可以加大动作难度。这样不仅能提高协调性，还能增强肌肉的超等长收缩反应。

■ 7 鸵式平衡

One-Leg Walking Opposite—Ostrich (OLWO)

练习目的：提高功能性运动幅度、平衡能力，加强上下肢协调性。

准备姿势：自然站立，挺胸抬头。

图 1、图 2：右脚向前上步；右腿微屈膝，同时右臂伸直举过头顶，左腿向后伸直；身体前倾放平，同时左臂向侧伸直。

准备姿势

图 3：上体不动，目视前方（而非注视地面）；腰部微屈，左手下落触摸右脚脚尖。保持此姿势约 2s。右臂可向右平伸以保持身体平衡。这时臀肌和股后肌会有伸拉感。

图 4：缓慢收回动作，还原至准备姿势。

另一侧动作相同；双腿交替练习。

减难练习："鸵式"动作对很多人来说难度较大，初学者可以做较为容易的"燕式"平衡动作：左手不必触摸右脚脚尖，而是双臂向两侧伸直，反之亦然。

8 俯卧手侧走

Upper Body Handwalk（UBH）

练习目的：加强上身肌肉力量和耐力，特别是保持肩关节稳定性的肌群。

准备姿势：双手撑地，双腿并拢向后伸直，成俯卧撑起姿势。

图 1~图 3：保持好俯卧撑起姿势，右手、左手相继左移，左手、右手再相继右移。

准备姿势

❶

❷

❸

■ 9　手足爬行

准备姿势

Hamstring Handwalk—Inchworm（HH）

练习目的：提高股后肌和腰部功能性运动幅度，增强肩、臂部与核心区肌肉力量。

准备姿势：双腿伸直，双手在地面尽量向前放；双臂要伸直，脚跟不能离地。

图 1、图 2：后背和双臂伸直后，双脚逐步向前移动，尽量靠近双手，双膝保持挺直不屈。股后肌和腰部肌肉有伸拉感。

图 3：双脚前移尽量靠近双手后，双手缓慢尽量向前爬，直至还原成准备姿势。

继续向前重复练习此组动作。

❶

❷

❸

■ 10　蜘蛛爬

准备姿势

Spiderman Crawl（SC）

练习目的：提高髋关节和腰背部功能性运动幅度，增强肩、臂部及核心区肌肉力量。

准备姿势：并步站立；左脚向左前方约 45° 上步后，弯腰屈膝前俯，保持中立脊柱，双手扶地向左脚（膝）前爬。目视正前方。

图 1~图 3：双手从左侧爬到右侧，右腿缓慢前移上步。

❶

❷

❸

■ 11 直腿行军步

Straight-Leg March（SLM）

训练目的：增强股后肌和腰部肌肉柔韧性。

准备姿势：自然站立、挺胸抬头；双臂前举与肩平。

图 1：右腿伸直前举，用脚尖触碰手指，膝关节尽量不要弯曲。身体尽力保持直立，挺胸收腹。

图 2：右脚落地，左腿举起重复上一动作。

双腿交替练习。

变换练习：直摆腿跳的动作模式与直臂前举腿大致相同，只是举腿速度较快，且改走为跳。这个动作难度较大，要求练习者腰部和股后肌群具有很好的功能和柔韧性。

准备姿势

■ 12　跪步行走

Linear Walking Lunge（LWL）

训练目的：提高髋部屈肌柔韧性和髋关节运动幅度，增强股四头肌、臀大肌和核心区肌肉力量。

准备姿势：自然站立，挺胸抬头。双臂胸前屈肘（前臂相叠），与肩平。

图 1：右脚上步屈膝成弓步，左腿弯曲，至膝关节离地面 1~3in（1in ≈ 25.4mm），于髋关节正下方下沉，小腿与地面接近水平；右腿膝关节约呈 90°，小腿与地面垂直。

图 2：左腿蹬地起身上步成弓步。

双腿交替向前上步练习。

准备姿势

变换练习：此动作还可通过变换上肢位置进行练习，如双臂上举或侧举（呈“十”字）。通过变换不同的手臂位置和上身方位，在不同平面上调节腰部与核心区肌肉的伸拉程度。

■ 13 弓步行走

准备姿势

Straight-Leg Walking Lunge（SLWL）

练习目的：提高髋部屈肌运动幅度，增强股四头肌、臀大肌与核心区肌肉的力量。

准备姿势：自然站立，挺胸抬头。双臂胸前屈肘（前臂相叠），与肩平。

图 1：左脚上步成弓步，膝关节呈 90°，小腿与地面垂直；右腿绷直。

图 2：右脚蹬地起身上步成弓步。

双腿交替向前上步练习。

1

2

■ 14 跪步转体走

准备姿势

Rotational Walking Lunge（RWL）

训练目的：提高髋部屈肌和核心区肌肉的功能性运动幅度，增强股四头肌、臀大肌与核心区肌肉力量。

准备姿势：自然站立，挺胸抬头。双臂胸前屈肘（前臂相叠），与肩平。

图 1、图 2：左脚上步屈膝成弓步；右腿弯曲，膝关节于髋关节正下方下沉，离地面约 1~3in；左腿膝关节约呈 90°，小腿与地面垂直。身体下沉的同时缓慢向左扭转上体，伸拉之力由腰顺至左腿。

图 3：右脚蹬地起身上步成弓步，下沉的同时向右转体。

双腿交替向前上步练习。

变换练习：通过变换上肢位置进行此练习，可不同程度地强化核心区肌肉的募集能力和功能状态。双手扣握、双臂直上举的动作可伸拉脊柱，并加大对腰部（竖脊肌和骶棘肌）的拉伸力度。

双臂直上举、双手不扣握的动作可充分伸拉斜肌和髋转肌。

双臂直上举，转体时以对侧手臂靠向前腿，可充分伸拉背部上方和中部的肌肉。

■ 15　弓步肘膝碰走

准备姿势

Elbow to Lnee Lunge（ETKL）

练习目的：提高髋部屈肌、臀大肌和髋部外旋肌的功能性运动幅度。

准备姿势：自然站立，挺胸抬头。双臂胸前屈肘（前臂相叠），与肩平。

图 1：右脚上步成弓步，左腿伸直；右膝关节呈 90°，小腿与地面垂直。上体前压重心下沉时，后背伸直，右肘关节缓慢向右膝关节内侧下压。保持伸拉姿势约 2s。

左脚蹬地上步成弓步，重复上体动作。双腿交替进行练习。

变换练习：亦可以后腿弯曲进行练习，即后腿膝关节离地面约 1~3in，位于髋部正下方。

■ 16　抱膝落跪步走

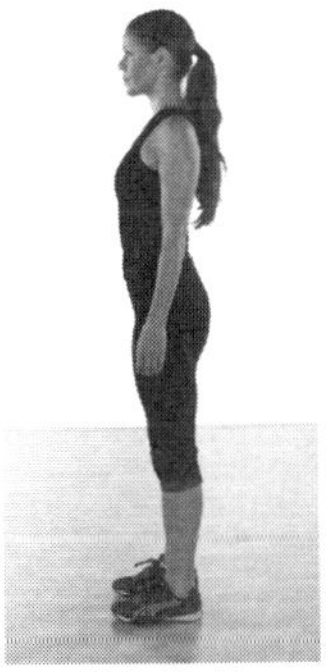

准备姿势

Knee-to-Chest Hold Into Lunge（KTCHIL）

练习目的：提高平衡能力、协调能力，增强核心区和下肢肌肉力量。此动作为抱膝走和跪步行走的组合。

准备姿势：自然站立，挺胸抬头。

图 1：右腿提膝，双手抱腿回拉并上提，使膝关节靠近胸部。同

时，身体立直，左脚提踵，头向上顶。保持伸拉姿势约 2s。

图 2：右脚落步成弓步，膝关节呈 90°，小腿与地面垂直；左腿屈腿，膝关节离地面约 1~3in，位于髋部正下方，小腿与地面平行。

1

2

■ 17 侧弓步走

Lateral Lunge（LL）

练习目的：提高髋关节侧向运动幅度，同时动态伸拉臀大肌、股后肌和髋内侧肌肉。

准备姿势：一般运动步形，即两脚平行开立，与肩同宽，两臂自然放松。

图 1：右脚向右侧开步，脚尖仍朝前；重心右移，沉髋下蹲，右膝关节呈 90°，大腿与地面平行；上体立直，双臂胸前屈肘（前臂相叠），挺胸抬头。保持伸拉姿势约 2s。

图 2、图 3：左脚收回后随之向左侧开步，其余动作同右侧。

每侧动作要伸拉几次再回到开始姿势，然后换至另一侧。

准备姿势

■ 18　持棒抓举

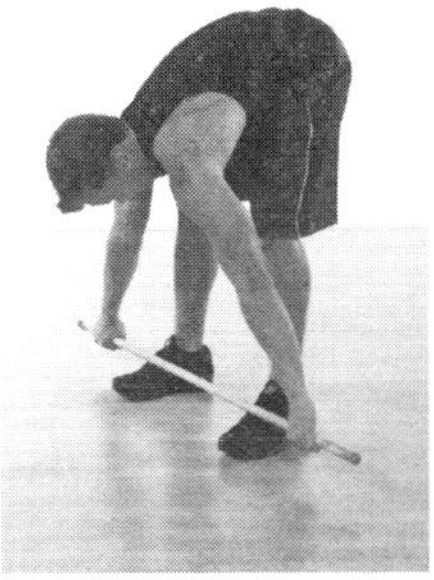
准备姿势

Overhead Squat Progression（OSP）

练习目的：提高股后肌运动幅度和髋关节灵活性，增强肩胛部肌肉力量、柔韧性和稳定性。

准备姿势：双手（虎口相对）抓握木棍两端，两脚平行开立，与肩同宽。双腿伸直，上体前俯将木棍下压至脚背。

图 1：屈膝下蹲。

图 2、图 3：双臂持棍上举至头顶上方，挺胸立腰，目视前方。

图 4：缓慢起身直立，双臂上举伸直。

■ 19 相扑式蹲步走

Sumo Squat Walk（SSW）

练习目的：提高髋关节运动幅度，增强臀大肌、股四头肌和核心区肌肉力量。

准备姿势：双脚平行开立，与肩同宽，挺胸抬头。

图 1：双臂胸前屈肘，前臂上下相叠，与肩平；右脚向右侧开步，脚尖外撇（向右），同时，左脚脚尖也外撇（向左）；随之，屈膝下蹲，重心下沉，如同坐在椅子上，上身要立直，挺胸抬头。稳固核心部位，在不破坏动作姿势的前提下尽量下蹲。保持伸拉姿势约 2s。

准备姿势

图 2：起身直立，还原至准备姿势，向后转身 180°，重复上一练习。

反复练习，逐次增加下蹲的深度。

加难练习：若想加大练习难度或强度，可在下蹲时将双臂直上举。此动作会提高身体的中心位，从而增加难度。

■ 20　矮人蹲走

准备姿势

Low Squat Walk（LSW）

练习目的：加强下肢、髋关节及核心区肌肉力量。

准备姿势：两脚开立，略宽于肩；屈膝下蹲，大腿至少与地面平行。最好能够使臀部低于膝关节水平，并保持核心部位灵活有力，脊柱竖直。双臂胸前屈肘，前臂上下相叠，与肩平。

图 1：保持屈蹲姿势，重心下沉；右脚向前小步迈出。
图 2：迈左脚。
双腿交替上步练习。

❶

❷

■ 21　盘腿下蹲

Figure-4 Squat（F4S）

练习目的：进一步提高髋关节外旋幅度，增强臀大肌、股四头肌力量。亦可发展上下肢协调能力和单腿支撑平衡能力。

准备姿势：两脚平行开立，与肩同宽，挺胸抬头。双臂胸前屈肘，前臂上下相叠，与肩平。

图 1、图 2：右腿提腿展髋，屈腿将脚踝搭于左大腿上；随左髋缓慢下沉，左腿成单腿屈蹲姿势。此动作可同时伸拉右侧髋关节外旋肌和右臀肌，并增强左腿和左髋肌肉力量。

图 3：还原至准备姿势，向后转身 180°，重复练习另一侧动作。

反复练习，每次下蹲时上身姿势不变，尽力蹲低。

准备姿势

■ 22　单腿臀桥

准备姿势

Glute Ham Bridge（GHB）

练习目的：提高腰部、臀部和股后肌运动幅度。

准备姿势：自然仰卧，双臂置于体侧，双腿屈膝，双脚落在靠近臀部位置。

图 1：摆正头部和躯干位置，双手抱住右腿回收至胸前。

图 2：左脚蹬地挺髋，直至由左膝至肩胛形成一优美线条。

还原成准备姿势，继续练习另一侧动作。

❶

❷

■ 23 侧转传球

准备姿势

Lateral Pass（LP）

练习目的：提高腰部和髋部扭转幅度，加强四肢协调性。

准备姿势：一般运动站姿，两人背靠背站立，其中一人手持实心球于体前。

图 1、图 2：双脚原地不动，持球者身体左转将球传给身后的搭档。

图 3：身体右转接回搭档传过来的球。

❶

❷

❸

■ 24 头上传球

Overhead Pass（OP）

练习目的：提高背阔肌运动幅度，加强上肢肌肉力量和柔韧性。

准备姿势：手持实心球于体前，与搭档背靠背站立。

图 1、图 2：从头顶上方向身后传球，搭档顺势接球。

图 3：搭档将球传回。

准备姿势

❶

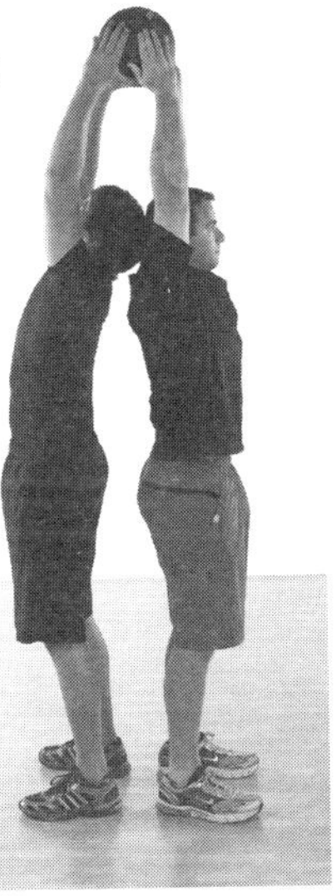

❷

❸

■25 屈踝踏步

准备姿势

Ankle Flips（AF）

练习目的：提高踝关节周围肌肉的功能性运动幅度和爆发力，增强胫前肌和腓肠肌力量。

准备姿势：身体直立，双脚分开与肩同宽；挺胸抬头。

图 1：左腿伸直，提腿上步，脚尖上勾。

图 2：左脚快速有力踏落地面的瞬间，右腿提腿上步，脚尖上勾。双脚交替踏步练习，保持核心区稳固，上身中正。

❶
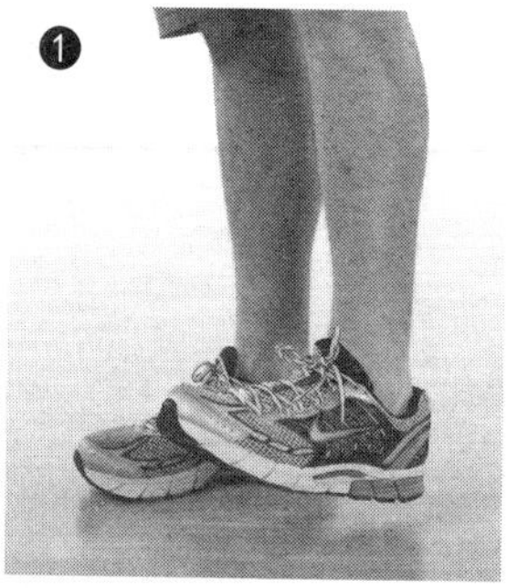

❷
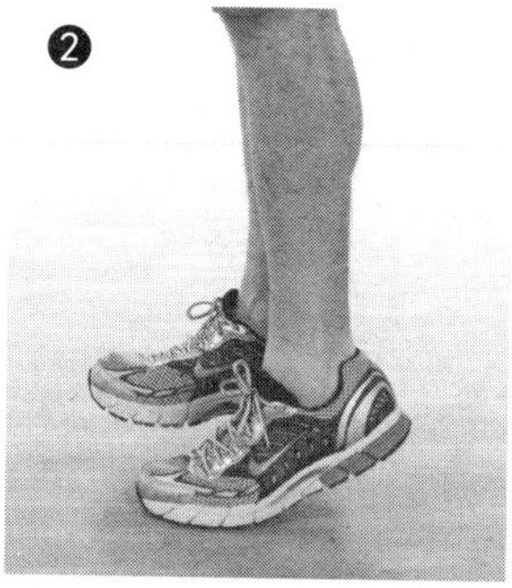

26 分腿跳

准备姿势

Split Jumps/Lunge Jumps（SJ/LJ）

练习目的：增强下肢整体爆发力，提高单腿肌肉力量、平衡性和协调性。

准备姿势：身体直立，双脚分开与肩同宽；挺胸抬头。

图 1：左脚上步成弓步，屈膝呈 90°，小腿与地面垂直，双臂屈肘约成呈 90° 角。

图 2、图 3：接上一动作，双脚蹬地腾空，提髋摆臂；腾起后后腿（右腿）前摆成右弓步落地；落地瞬间，再次蹬地腾空重复动作。

双腿交替继续练习。

❶

❷

❸

■ 27　预摆纵跳

准备姿势

Countermovement Squat Jumps（CSJ）

练习目的：提高下肢整体爆发力。

准备姿势：身体直立，双脚分开与肩同宽；挺胸抬头。

图 1、图 2：屈膝下蹲至膝关节成呈 90°~135° 时，瞬即蹬地垂直向上摆臂起跳，双臂尽量向上摆。起跳时要充分利用“三节伸展”发力（蹬地之力自下而上经踝、膝、髋各关节传递的发力过程）。

图 3：落地时双膝微屈，以缓冲重力，保持 2s 屈蹲姿势。保持屈蹲姿势可以练习减速能力，有效预防运动训练和竞技比赛中的意外损伤。

还原成准备姿势继续练习。

❷

❸

❶

■ 28　连续蹲跳

Repeated Squat Jumps（RSJ）

练习目的：发展下肢整体爆发力，同时提高连续超等长收缩能力。

准备姿势：一般运动预备姿势。

图 1、图 2：屈膝下蹲至膝关节呈 90°~135° 时，瞬即蹬地垂直向上跳起。起跳时要充分利用“三节伸展”发力（蹬地之力自下而上经踝、膝、髋各关节传递的发力过程）。落地瞬间紧接着再次蹬地垂直向上起跳，尽量向上腾起。

准备姿势

■ 29　原地纵跳

Concentric Squat Jumps（CSJ）

练习目的：发展向心力量和下肢爆发力。

准备姿势：双脚开立，与肩同宽，挺胸抬头。屈膝下蹲至双膝约呈 90°，脊柱竖直，核心区稳固，保持 3~5min。

图 1：双脚蹬地垂直向上跳起，利用“三节伸展”（蹬地之力自下而上经踝、膝、髋各关节传递的发力过程）发力，双臂尽量向上举。

图 2：落地时双膝微屈，以缓冲重力，保持 2s 屈蹲姿势。保持屈蹲姿势可以练习减速能力，有效预防运动训练和竞技比赛中

准备姿势

的意外损伤。

还原成准备姿势继续练习。

■ 30　高抬腿跳

Power Skips（PS）

练习目的：发展下肢爆发力与臀大肌、腓肠肌运动幅度。

准备姿势：双脚开立，与肩同宽，挺胸抬头。

图 1：右腿提膝收胯，带动身体向上腾起，膝关节尽量上顶；同时，左臂屈肘（呈 90°）前摆，左腿伸直，右臂微屈摆于体侧。

图 2：左脚先落地（前脚掌着地），对侧上下肢重复蹦跳动作。左右腿各跳 1 次为 1 组。

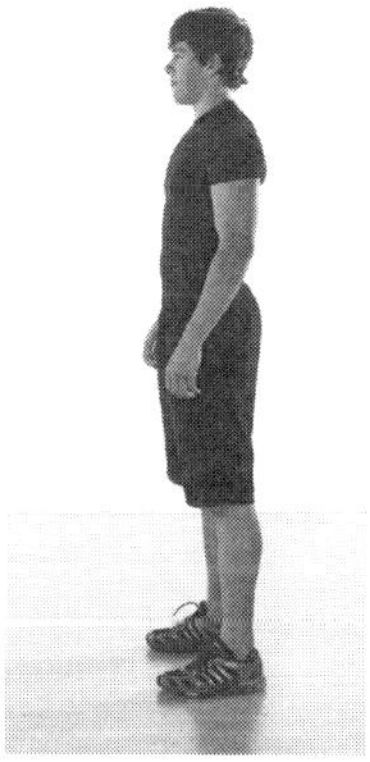

准备姿势

变换练习：若想进一步伸拉上肢，可在提膝蹦跳时将对侧手臂上摆至头侧。

■ 31 高抬腿跑

High-Knee Run（HKR）

练习目的：进一步发展臀大肌、腰肌和腓肠肌运动幅度，提高核心区动态平衡能力和稳定性。

准备姿势：自然直立，挺胸抬头。

图 1：向前高抬左腿跑时左腿屈膝上提，脚尖勾起，右臂屈肘（呈 90°）由身后前摆，拇指经髋部摆向鼻尖。加大屈髋程度的同时，伸直上身并稳固核心区。

图 2：对侧肢体重复上一动作，继续向前跑，尽量缩短脚掌与地面接触的时间。

准备姿势

❶

❷

■ 32 双跳接冲刺

准备姿势

Jump Jump Sprint（JJS）

练习目的：提高下肢爆发力，缩短蹬地起跳反应时间。

准备姿势：一般运动预备姿势。

图 1、图 2：向前连续立定跳 2 次。

图 3：第二跳落地后，紧接着立即向前冲刺，注意采用合理的加速动作，即身体前倾约 45°（后脚跟至脊柱的直线与地面的夹角），前腿于体前屈膝上提，提膝时勾脚尖。向前冲刺 10m。

跑完返回起点继续练习。

反复练习此组动作。若为发展耐力，则间歇时间为 30s；若为发展速度、力量和爆发力，则需间歇 2~3min。

■ 33 屈蹲退步走

准备姿势

Back Pedal（BP）

练习目的：提高髋关节和腰部动态平衡能力及运动幅度，同时增强股四头肌和股后肌背向运动时的力量。

准备姿势：一般运动预备姿势。

图 1、图 2：收髋提膝，快速向身后撤落步。倒退走时重心要压低，上身稳固，双臂动作与向前跑时的双臂动作相同。

■ 34 倒退跑

准备姿势

Backward Run（BR）

练习目的：进一步发展髋部屈、伸肌和腰肌运动幅度，亦有助于协调发展正向跑时的拮抗肌。

准备姿势：一般运动预备姿势。

图 1：核心区肌肉用力收紧，上体伸直，向后摆腿倒退跑。向后迈步时，尽量加大步幅。

❶

■ 35 提膝踏跳跑组合（一）

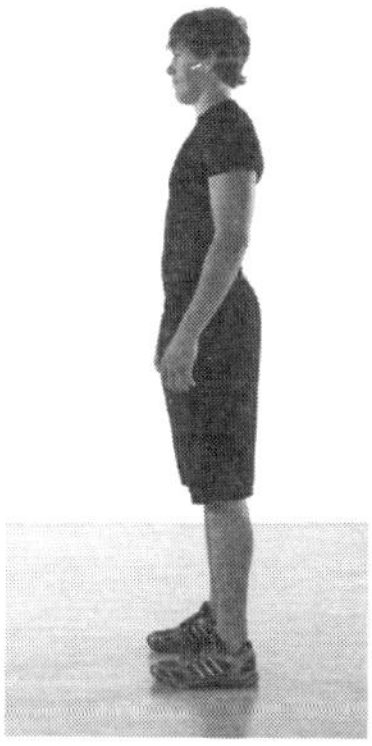
准备姿势

A-Qalk, Skip, Run Progression（WSRP-A）

练习目的：通过屈膝收髋、身体前冲和加大步幅等动作练习，强化直线冲刺技术。

准备姿势：两脚开立，与肩同宽，挺胸抬头。

图 1：左腿提膝，右臂屈肘约 90°，左臂后摆。为了更好地用力蹬地前冲，提膝时要勾脚尖，这样也有利于跑时向前送髋的动作。

图 2：左脚用力蹬地，迅速充分展髋。

变换练习：技术熟练以后，可加快动作节奏，把跑之前的上步换成跳步。水平较高的运动员可以用更快的节奏跑起来。注意：练习时常见的一个错误是由走过渡到跳步时，不能很好地控制核心部位和髋部位置。

■ 36 持棒蹲举

Overhead Squat（OS）

练习目的：增强躯干和下身肌肉力量，提高肩部和上肢功能性活动幅度。

准备姿势：两脚开立，略宽于肩。双手正握一根长约一臂的木棍或铁棍，举至头顶上方。

图 1：双臂用力伸直，缓慢吸气，屈膝下蹲，髋部略向后、向下沉至与膝齐平，或略低于膝关节水平，坚持 2s。注意核心区肌肉要稳固，上体要伸直。

图 2：呼气的同时缓慢起身直立，保持核心区稳固姿势。

准备姿势

■ 37　提膝踏跳跑组合（二）

B-Walk, Skip, Run Progression（WSRP-B）

练习目的：改善短跑中的摆腿-蹬地技术，这是高速或急速（跑）运动最主要的技术动作。

准备姿势：两脚开立，与肩同宽，挺胸抬头。

图 1：身体直立，左腿提膝勾脚略前伸，脚跟高与右膝平或略高于右膝。

准备姿势

图 2、图 3：随之左腿立即快速前伸下压，展髋后摆，脚掌抓地后蹬。在提膝摆腿过程中始终保持勾脚尖动作。

双腿交替进行练习。

■ 38　提膝分腿跳

Bent-Leg Bound（BLB）

练习目的：发展下肢超等长收缩能力，提高肌肉伸缩能力，提高发力与缓冲的能力。

注意事项：每次蹬地会使踝、膝、髋关节及小腿肌肉产生巨大张力，因此对运动水平要求较高，练习者需经过适当前期训练后方可练习此动作。

准备姿势：两脚分开，自然站立，挺胸抬头。

准备姿势

图 1：左腿前摆，膝关节微屈，脚尖朝前（勾脚尖）。右手自胯侧前摆，拇指指向鼻尖，右臂屈肘 90°。尽力屈髋提膝，核心区稳固，上体伸直。使左腿提膝前摆所产生的前冲之力带动右脚离地。此时，右腿绷直，与地面呈 45°。每次弹跳要尽量远。

图 2：随后左脚落地，左腿屈膝，以缓冲落地冲力。尽量缩短着地时间，紧接着做另一侧跨跳。注意缩短前脚掌与地面接触的时间。

■ 39 直腿前摆

Straight-Leg Bound（SLB）

练习目的：发展下肢特别是脚踝周围肌肉超等长收缩能力。

注意事项：每次蹬地会使踝、膝、髋关节及小腿肌肉产生巨大张力，因此对运动水平要求较高，练习者需经过适当前期训练并已适应该训练强度后方可练习此动作。

准备姿势：两脚分开，自然站立，挺胸抬头。

图 1：左腿伸直前摆，稳固核心区，双肩回收，上体竖直。右臂屈肘（90°）前摆，身体可略后仰。

图 2：左髋屈至 30°~50° 时，臀大肌收缩带动左腿下压，脚掌踏地。

双腿交替继续练习。

准备姿势

❶

❷

■ 40 踢踏步

准备姿势

Ankle Taps（AT）

练习目的：发展脚部肌肉爆发力，提高快速蹬地时辅助收缩的小肌肉力量。

准备姿势：两脚分开，身体直立，挺胸抬头。

图 1：身体直立，左脚勾脚尖（踝关节拉伸），左腿收髋上提，膝关节绷直。

图 2：左小腿肌肉用力伸（脚心收缩），牵动左脚迅速下踩，左脚落地的同时，右腿以同样方式提起并上步踩踏。双脚交替踩踏，练习距离为 5~10yd。注意，踏地时要快速有力，脚掌触地时间要短。

❶

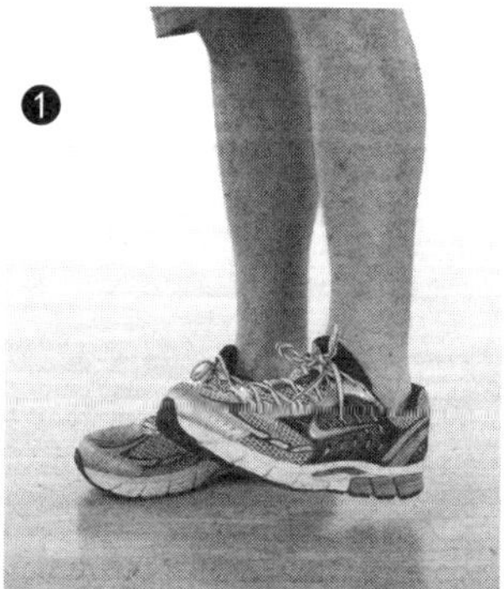

❷

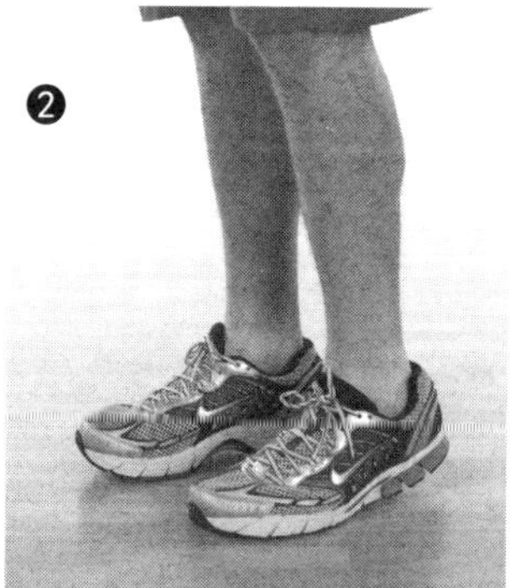

■ 41 快踏步冲刺

Quick Feet Sprint（QFS）

练习目的：提高在接受刺激做出迅即反应后的快速短促、爆发式触地的能力。加快第一步起动速度和初始加速度。此项练习需教练或同伴辅助。

准备姿势

准备姿势：一般运动预备姿势，即两脚分开，双膝微屈，重心置于两脚之间。

图 1、图 2：双脚交替快速踩踏地面（快踏练习）。

图 3：收到教练或同伴发出的视觉或听觉刺激信号后，立即由快踏步直接向前冲跑。注意加速动作和每一步的蹬地发力，并且为了提高爆发力，一定要尽量缩短触地时间。

变换练习：可将快踏冲刺与侧移动作结合练习。

❶

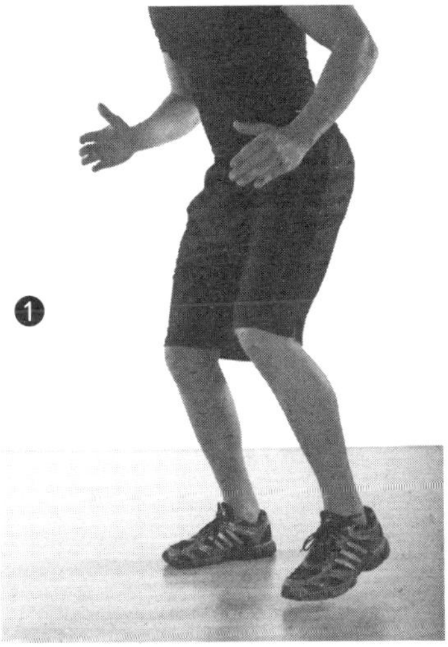

❷

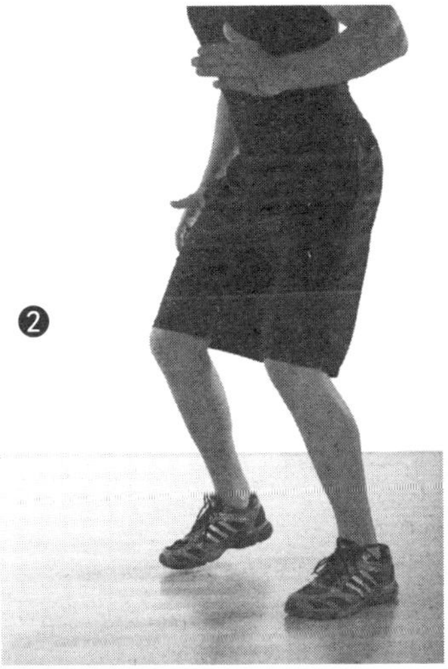

■ 42 蹲跳冲刺

Squat Jump Sprint（SJS）

练习目的：提高三关节（踝、膝、髋）伸展后的收缩能力，进而提高加速过程中的爆发式蹬（触）地反应。跑动时身体前倾，使后脚跟至脊柱的直线与地面形成 45° 夹角，前腿提膝勾脚尖，以利于加速。

准备姿势：一般运动预备姿势，即两脚分开，双膝微屈，重心置于两脚之间。

图 1、图 2：屈髋下沉做蹲跳动作，下蹲至大腿与地面平行时迅速用力纵跳。

图 3：腾空至最高点时，徐缓落地；双脚触地后，立即以加速方式摆腿向前冲刺 10yd。

准备姿势

变换练习：纵跳时可尽量向上摆臂，以增加跳跃高度，同时展髋、伸膝、拉踝（三节伸展）。

■ 43　三级跳冲刺

Triple Jump Sprint（TJS）

练习目的：发展重复性爆发力，超等长收缩能力，继而提高爆发式加速能力。

准备姿势：一般运动准备姿势，双膝微屈，重心置于两脚之间。

图 1~图 3：（双腿交替）连续向前跨步跳 3 次，力求高、远。

图 4：跳完第 3 步，以起跳脚的对侧脚着地，保持加速姿势向前冲刺 10yd。

准备姿势

■ 44 立卧撑冲刺

Burpee Sprint（BS）

练习目的：发展下肢爆发力、超等长收缩能力和爆发式加速能力。

准备姿势：双手扶地撑起，双腿伸直后蹬。

图 1~图 3：双臂用力撑地，快速收腹屈膝至胸前，以蓄势向上爆发蹲起成加速冲刺姿势，随之向前加速冲刺 10yd。

准备姿势

■ 45　侧向滑步

Lateral Shuffle（LS）

练习目的：提高起动和控制侧向运动的相关肌肉的稳定性和力量。

准备姿势：一般运动姿势。

图 1：重心下沉，向左侧快速滑步 10m。在运动过程中始终保持重心下沉，双脚与肩同宽，面向前方。

图 2：再向右侧快速滑步 10m。

准备姿势

■ 46　10yd（移动）组合

10-Yard Movement Sequence（10ydMS）

练习目的：为直线运动和侧向运动做准备的热身活动。

以最大速度的 80% 完成下列每一个 10yd 动作。第一个动作结束后，向后转身换下一个动作继续练习。

准备姿势

准备姿势：一般运动预备姿势，即两脚开立，与肩同宽，双腿微屈，目视前方。

图 1：先向前直线跑 10yd。

图 2：转身向后侧向右滑步跑（参照动作 45）10yd。

图 3：再侧向左滑步跑 10yd。

图 4：屈蹲后撤步（参照动作 33）。

图 5：倒退跑（参照动作 34）。

图 6：向右侧交叉步走（参照动作 47），然后再向左侧交叉步走。

❸

❹

❺

❻

■ 47　交叉步侧走

准备姿势

Carioca（C）

练习目的：提高髋关节旋转肌动态运动幅度，伸拉股内侧肌、股后肌与核心区肌肉。

准备姿势：一般运动预备姿势，即两脚分开，自然直立，两臂侧平举。

图 1、图 2：右脚经左脚前向左侧上步（盖步）。

图 3：左脚向左侧开步返回准备动作姿势。

图 4：右脚经左脚后向左侧上步（插步）。如此，两腿前后交叉向左侧上步，然后再以同样方式向右侧上步，返回起点准备姿势。

❶

❷

❸

❹

加难变换练习：提膝上步，动作方法相同，要求上步时提膝过腰，并加大步幅。

■ 48 提膝展髋踏跳

准备姿势

High-Knee Lateral Skip（HKLS）

练习目的：提高髋、膝、踝关节活动能力，以及侧向运动能力。

准备姿势：一般运动预备姿势，即两脚分开，自然直立，两臂侧平举。

图 1：右膝快速上提至腋下后右脚立即下踩踏地，前脚掌着地时向右进步带动身体右移。

图 2：右脚踏地瞬间，左膝上提至腋下，重复右腿动作，两腿交替提踏向右侧行进。

❶

❷

■ 49 旋臂前举

准备姿势

Dynamic Empty Can（DEC）

练习目的：提高肩部特别是肩袖肌群中冈上肌的力量和耐力。

准备姿势：两脚分开，身体直立，挺胸抬头，双臂自然下垂；双臂缓慢内旋逐渐使手背斜相对。

图 1、图 2：双臂由体前上举至略低于肩水平（约与躯体呈 60°）；双臂继续内旋，如同握杯倒水。

继续以同样的节奏重复练习。

❶

❷

变换练习：为了加大刺激强度，可手持重物(一般为1~3lb，1lb≈453.6g)进行练习。

■ 50 合抱扩胸

Hugs（H）

练习目的：提高肩部和胸部动态运动幅度。

准备姿势：两脚分开，身体直立，挺胸抬头；双臂前平举，高度与肩平。

图 1：双臂交叉合抱、收紧，双手尽力触摸对侧肩后部。

图 2：双臂松开、扩胸（肩胛部收缩牵动双臂向后伸展）。

继续以同样的方式反复练习。

准备姿势

❶

❷

变换练习：此练习可同时辅以各种下肢动作，如上步、跳步及侧踝走等，以加速热身；或从平衡与协调能力方面给运动员增加难度。

■ 51　头上击掌

Cheerleaders（C）

练习目的：提高肩部和胸部动态运动幅度。

准备姿势：两脚分开，身体直立，挺胸抬头。

图 1、图 2：双臂伸直由体侧缓慢上举至头顶上方合掌。

图 3、图 4：双掌分开，双臂下压并垂落于体侧。

反复以变速练习。

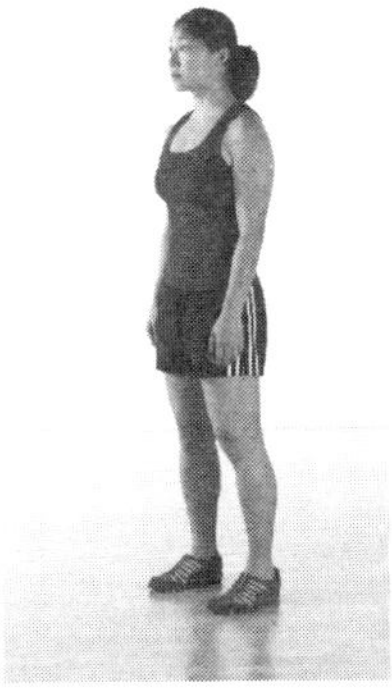

准备姿势

变换练习：此练习可同时辅以各种下肢动作，如上步、跳步及侧踝走等，以加速热身，或从平衡与协调能力方面给运动员增加难度。

■ 52 交叉摆臂

准备姿势

Wipers（W）

练习目的：提高肩部动态运动幅度。

准备姿势：两脚分开，身体直立，挺胸抬头；双臂前平举，掌心相对。

图 1：右臂缓慢上举至头侧，同时左臂下落至体侧。

图 2：双臂再反向抡摆。

❶

❷

变换练习：此练习可同时辅以各种下肢动作，如上步、跳步及侧踝走等，以加速热身，或从平衡与协调能力方面给运动员增加难度。

■ 53　蝎子摆尾

Scorpion（S）

练习目的：提高腰部运动幅度及核心区稳定性。

准备姿势：伏于地面，双臂张开，双腿伸直。

图 1：右腿经身体上方缓慢摆至左侧，定势 10s。右脚脚尖要尽量靠近左手。

图 2：换另一侧进行同样练习。

准备姿势

参考文献

[1] Shellock, F.G., W.E. Prentice. Warming up and stretching for improved physical performance and prevention of sports related injuries. *Sport Medicine,* 1985, 2:267–268.

[2] Smith, C.A. The warm–up procedure: To stretch or not to stretch. A brief review. *Journal of Orthopaedic & Sports Physical Therapy,* 1994, 19:12–17.

[3] DeVries, H.A. The "looseness" factor in speed and O^2 consumption of an anaerobic 100–yard dash. *Research Quarterly,* 1963, 34（3）:305–313.

[4] Kokkonen, J., A.G. Nelson, A. Cornwell. Acute muscle stretching inhibits maximal strength per–formance. *Research Quarterly for Exercise & Sport,* 1998, 69:411–415.

[5] Nelson, A.G., I.K. Guillory, A. Cornwell, J.Kokkonen. Inhibition of maximal voluntary isoki–netic torque production following stretching is velocity specific. *Journal of Strength & Conditioning Research,* 2001, 15（2）:241–246.

[6] Nelson, A.G., J. Kokkonen. Acute ballistic muscle stretching inhibits maximal strength per–formance. *Research Quarterly for Exercise & Sport,* 2001, 72（4）:415–419.

[7] Avela, J., H. Kyröläinen, P.V. Komi. Altered reflex sensitivity after repeated and prolonged passive muscle stretching. *Journal of Applied Physiology,* 1999, 86（4）:1283–1291.

[8] Fletcher, I.M., B. Jones. The effect of different warm–up stretch protocols on 20–m sprint performance in trained rugby union players. *Journal of Strength & Conditioning Research,* 2004, 18（4）:885–888.

[9] Fowles, J.R., D.G. Sale, J.D. MacDougall.Reduced strength after passive stretch of the human plantar flexors. *Journal of Applied Physiology,* 2000, 89（3）:1179–1188.

[10] Nelson, A.G., N.M. Driscoll, M.A. Young, I.C.Schexnayder. Acute effects of passive muscle stretching on sprint performance*Journal of SportSciences,* 2005, 23（5）:449–454.

[11] Young, W., S. Elliott. Acute effects of static stretching, proprioceptive neuromuscular

facilitation stretching, and maximum voluntary contractions on explosive force production and jumping performance. *Research Quarterly for Exercise & Sport,* 2001, 72（3）:273–279.
[12] Young, W.B., D.G. Behm. Effects of running, static stretching and practice jumps on explosive force production and jumping performance. *Journal of Sports Medicine and Physical Fitness,* 2003, 43:21–27.
[13] Cornwell, A., A.G. Nelson, B. Sidaway. Acute effects of stretching on the neuromechanical properties of the triceps surae muscle complex. *European Journal of Applied Physiology,* 2002, 86:428–434.
[14] Cornwell, A., A.G. Nelson, G.D. Heise, B. Sidaway. The acute effects of passive muscle stretching on vertical jump performance. *Journal of Human Movement Studies,* 2001, 40:307–324.
[15] Wilson, G.J., A.J. Murphy, J.F. Pryor. Musculo–tendinous stiffness: Its relationship to eccentric, isometric, and concentric performance. *Journal of Applied Physiology,* 1994, 76（6）:2714–2719.
[16] Evetovich, T.K., N.J. Nauman, D.S. Conley, J.B. Todd. Effect of static stretching of the bicep brachii on torque, electromyography, and mechanomyography during concentric isokinetic muscle action. *Journal of Strength and Conditioning Research,* 2003, 17（3）:484–488.
[17] Knudson, D.V., G.J. Noffal, R.E. Bahamonde, J.A. Bauer, J.R. Blackwell. Stretching has no effect on tennis serve performance. *Journal of Strength and Conditioning Research,* 2004, 18（3）:654–656.
[18] Garrett, W.E. Muscle flexibility and function under stretch. In *Sports and Exercise in Midlife,* eds. S.L. Gordon, X. Gonzalez–Mestre, and W.E. Garrett. Rosemont, IL: American Academy of Orthopaedic Surgeons, 1993:105–116.
[19] Hunter, D.G., J. Spriggs. Investigation into the relationship between the passive flexibility and active stiffness of the ankle plantar–flexor muscles. *Clinical Biomechanics,* 2000, 15（8）:600–606.
[20] Pope, R.P., R.D. Herbert, J.D. Kirwan, B.J.Graham. A randomized trial of pre–exercise stretching for prevention of lower–limb injury. *Medicine & Science in Sports & Exercise,* 2000, 32（2）:271–277.
[21] Comeau, M.J. Stretch or no stretch? Cons. *Strength and Conditioning Journal,* 2002, 24（1）:20–21.
[22] Herbert, R.D., M. Gabriel. Effects of stretching before and after exercising on

muscle soreness and risk of injury: Systematic review. *British Medical Journal,* 2002, 325 (7362) :468–470.

[23] Pope, R.P., R.D. Herbert, J.D. Kirwan. Effects of flexibility and stretching on injury risk in army recruits. *Australian Journal of Physiotherapy,* 1998, 44:165–172.

[24] Shrier, I. Stretching before exercise does not reduce the risk of local muscle injury: A critical review of the clinical and basic science literature. *Clinical Journal of Sport Medicine,* 1999, 9:221–227.

[25] Shrier, I. Does stretching improve performance?: A systematic and critical review of the literature. *Clinical Journal of Sport Medicine,* 2004, 14 (5) :267–273.

[26] Levine, U., J. Lombardo, J. McNeeley, T.Anderson. An analysis of individual stretching programs of intercollegiate athletes. *Physician and Sportsmedicine,* 1987, 15:130–136.

[27] Shrier, I. Flexibility versus stretching. *British Journal of Sports Medicine,* 2001, 35 (5) :364.

[28] Shrier, I., K. Gossal. Myths and truths of stretching. *Physician and Sportsmedicine,* 2000, 28 (8) :57–63.

[29] Yeung, E.W., S.S. Yeung. A systematic review of interventions to prevent lower limb soft tissue running injuries. *British Journal of Sports Medicine,* 2001, 35 (6) :383–389.

[30] Andersen. J. C. Stretching before and after exercise: Effect on muscle soreness and injury risk. *Journal of Athletic Training,* 2005, 40 (3) :218–220.

[31] van Mechelen, W., H. Hlobil, H.C.C. Kemper, W.J.Voorn, R. de Jongh. Prevention of running injuries by warm-up, cool-down, and stretching exercises. *American Journal of Sports Medicine,* 1993, 21 (5) :711–719.

[32] Macera, C.A., R.P. Pate, K.E. Powell, K.L. Jackson, J.S. Kendrick, T.E. Craven. Predicting lower-extremity injuries among habitual runners. *Archives of Internal Medicine,* 1989, 149 (11) :2565–2568.

[33] Thacker, S.B., J. Gilchrist, D.F. Stroup. The impact of stretching on sports injury risk: A systematic review of the literature. *Medicine & Science in Sports & Exercise,* 2004, 36:371–378.

[34] Knudson, D. Stretching during warm-up: Do we have enough evidence? *Journal of Physical Education, Recreation and Dance,* 1999, 70 (7) :24–27.

[35] Kovacs, M.S. The argument against static stretching before sport and physical activity. *Athletic Therapy Today,* 2006, 11 (3) :24–25.

[36] Cornelius, W.L., R.W. Hagemann, A.W. Jackson. A study on placement of stretching

within a workout. *Journal of Sports Medicine and Physical Fitness,* 1988, 28:234–236.

[37] Kovacs, M., W.B. Chandler, and T.J. Chandler. *Tennis Training: Enhancing On–Court Performance. Vista,* CA: Racquet Tech Publishing, 2007.

[38] Kovacs, M.S. Is static stretching for tennis beneficial? A brief review. *Medicine and Science in Tennis,* 2006, 11（2）:14–16.

[39] Bergh, U., and B. Ekblom. Physical performance and peak aerobic power at different body temperatures. *Journal of Applied Physiology,* 1979, 46:885–889.

[40] Blomstrand, E.V., B. Bergh, B. Essen–Gustavsson, B. Ekblom. The influence of muscle temperature on muscle metabolism and during intense dynamic exercise. *Acta Physiologica Scandinavica,* 1984, 120:229–236.

推荐读物

[1] *Alter, M. Science of Flexibility*（3rd edition）.Champaign, IL: Human Kinetics, 2004.

[2] Andersen, J.C. Stretching before and after exercise: Effect on muscle soreness and injuryrisk. *Journal of Athletic Training, 2005*, 40（3）:218–220.

[3] Chandler, T.J., L.E. Brown. *Conditioning forStrength and Human Performance.* Baltimore,MD: Lippincott, Williams and Wilkins, 2008.

[4] Kokkonen, J., J.M. McAlexander. *StretchingAnatomy*. Champaign, IL: Human Kinetics,2006.

[5] Kovacs, M.S. The argument against staticstretching before sport and physical activity. *Athletic Therapy Today,* 2006, 11（3）:24–25.

[6] Kovacs, M., W.B. Chandler, T.J. Chandler.*Tennis Training: Enhancing On-CourtPerformance*. Vista, CA: Racquet TechPublishing, 2007.

[7] Pope, R.P., R.D. Herbert, J.D. Kirwan, B.J.Graham. A randomized trial of pre-exercisestretching for prevention of lower-limbinjury. *Medicine and Science in Sports andExercise,* 2000, 32（2）:271–277.

[8] Shrier, I. Does stretching improve performance?A systematic and critical review of the litera-ture. *Clinical Journal of Sport Medicine, 2004*, 14（5）:267–273.

[9] Shrier, I. Stretching before exercise does notreduce the risk of local muscle injury: A crit-ical review of the clinical and basic science literature. *Clinical Journal of Sport Medicine, 1999,* 9:221–227.

致　谢

每个人的生活中都有许许多多对自己的发展方向产生深刻影响的人，然而，他却没有机会对这些人道声“谢谢”！幸运的是，我在这里有这样一个机会来对我的家人、导师和学生们表达感激之情。感谢我的家人，是他们的爱和由衷的支持让我能够走自己喜欢的路；感谢那些老师们，尽管忙碌万分，但对我从来都是不吝赐教，直至今日都深刻影响着我的思想、情感和行动；最后，更感谢那些为追求知识、提升自己而孜孜不倦的运动员和学生们，他们以令人难以置信的努力为自己的理想而奋斗，感谢他们让我可以借助他们的勤奋和追求来实现我的想法。

作者：Mark Kovacs

作者简介

Mark Kovacs（马克·科瓦克斯）是美国一位知名的体能训练讲师、教练员和学者，曾主编多部相关著作。身为昔日的一名国际顶级网坛名将，他曾获得奥本大学（Auburn University）全美网球大赛及全国大学体育协会（National Collegiate Athletic Association,NCAA）网球锦标赛双打冠军。退役后他攻读了网球方向的研究生，并先后获得奥本大学运动科学硕士学位和阿拉巴马大学（University of Alabama）运动生理学博士学位。

Mark Kovacs先生是美国体能协会认证体能训练专家、美国运动医学院认证健身指导员、国家二级田径短跑裁判员、美国职业网球协会（United States Professional Tennis Association，USPTA）认证教练。执教生涯中，他曾训练过多个项目的职业运动员，培训出众多高中生和大学生优秀运动员，并指导过来自各行各业的运动爱好者。他全面系统的训练方法将科学的训练融入切合实际、行之有效的培养方案中，这是他培养优秀运动员的成功之道。

他已在各类顶级科学杂志及国内外学术会议上发表论文和研讨报告50多篇。此外，他还是《体能训练》杂志的副主编，并与他人合著《网球训练：场上技术提高》。

Mark Kovacs先生现监管美国网球协会体能训练和运动科学部，此前曾任杰克森维尔州立大学运动科学与健康专业助理教授。